L'ART D'ÉDUQUER SON CHIEN

L'ART D'ÉDUQUER SON CHIEN

Dr Bruce Fogle

SOLAR

Titre original
de cet ouvrage
COMPLETE DOG TRAINING
MANUAL

Traduction-adaptation
Odile Ricklin

ISBN : 2-263-02157-4
N° d'éditeur : 2316
Dépôt légal : mars 1995

Imprimé en Italie

Sommaire

Introduction

Plus de onze mille ans d'évolution ont façonné le chien tel que nous le connaissons et ont fait de lui un animal indissociable de l'homme avec lequel il vit et travaille. La sélection a exacerbé chez notre ami toutes les caractéristiques naturelles de ses ancêtres, et donc créé des races dotées d'aptitudes spécifiques telles que la chasse, le gardiennage des troupeaux, etc.

L'évolution canine

Selon certains zoologistes, nos ancêtres auraient domestiqué le loup de l'hémisphère Nord, donnant ainsi naissance au chien. D'autres scientifiques affirment, en revanche, que nos compagnons actuels descendent de chiens sauvages primitifs qui se seraient différenciés très tôt du loup. En Amérique du Nord, les Inuit ont créé les robustes chiens de traîneau, tandis que l'Asie diversifiait les races, élaborant alors d'énormes chiens d'attaque tels que le Mastiff, ou au contraire de délicats compagnons comme le Pékinois. Des coureurs rapides on fit des chiens de chasse, constituant la souche dont sont issus le Lévrier Afghan, le Saluki et le Greyhound.

La spécialisation des races

L'Asie méridionale vit émerger de petits chiens de chasse, comme le Dingo, lesquels accompagnaient les aborigènes qui s'installèrent en Australie et en Papouasie-Nouvelle-Guinée. En Europe, les chasseurs de très gros gibier s'associèrent des chiens de type Spitz d'Europe du Nord, et des races spécialisées furent créées, telles que le Chien à Loutres (Otterhound) ou le Chien d'Élan (Elkhound). On sélectionna les animaux doués pour la poursuite et le fouissage, dont descendent les actuels Terriers. En Afrique, le Basenji devint le compagnon silencieux du chasseur.

La sélection des animaux domestiques

Des générations de sélection aboutirent à des races plus spécialisées encore dans leurs aptitudes à travailler avec ou pour l'homme. On obtint ainsi des chiens destinés à flairer les odeurs environnantes ou à suivre les pistes au sol ; des chiens à même de combattre l'ours ou le taureau, ou prompts à se battre entre eux pour le divertissement de l'homme. L'invention du fusil eut pour conséquence secondaire l'apparition de divers types de chiens de chasse en vue de repérer, débusquer ou rapporter le gibier.

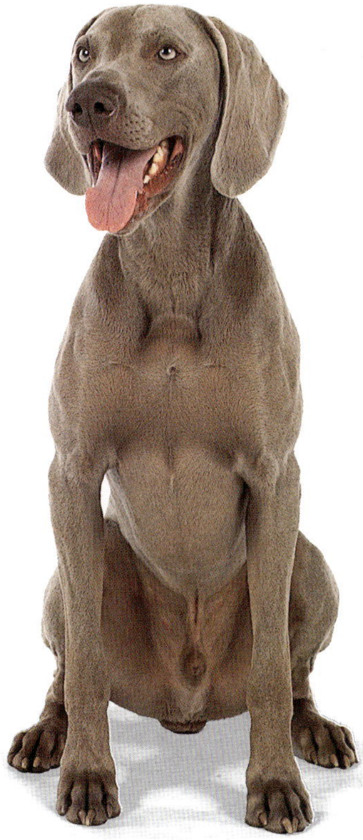

Les chiens de compagnie

Le rôle du chien ne cesse d'évoluer, et certaines de ses spécialisations ont désormais disparu. Toutefois, grâce aux nombreuses associations cynologiques apparues depuis un siècle partout dans le monde, on dénombre encore plus de quatre cents races de chiens spécialisés ; mais la plupart assument aujourd'hui exclusivement le rôle d'animaux d'agrément et de compagnie.

Les chiens citadins

Les chiens, créés pour travailler, ont naturellement besoin de se dépenser, de se maintenir en éveil. Or, dans de nombreux cas, bien nourris et à l'abri du danger, ils mènent une existence terriblement morne, même s'ils ont la chance de pouvoir prendre régulièrement de l'exercice. Ce mode de vie entraîne parfois chez les chiens des troubles du comportement. Certains ne cessent d'aboyer, exaspérant les voisins, et d'autres se montrent très agressifs envers leurs congénères, mais parfois aussi envers les passants ou les cyclistes...

L'euthanasie

Les statistiques de la médecine vétérinaire démontrent que, dans de nombreuses parties du monde, le premier facteur de mortalité chez les chiens de moins de 18 mois n'est ni la maladie ni les accidents, mais l'euthanasie – les troubles du comportement constituant la raison la plus fréquemment invoquée par les propriétaires ayant recours à cette pratique. Or, s'il est tout à fait exact que certaines races ont un caractère très particulier, c'est plus généralement une éducation inappropriée qui doit être incriminée.

L'éducation du chien

Éduquer un chien, ce n'est pas jouer au plus fort ; et la violence n'est jamais nécessaire. Au contraire, il faut se montrer juste avec son chien, ne pas être avare de récompenses et surtout prendre plaisir à ce que l'on fait avec lui : une bonne éducation est fondée sur le respect et la confiance mutuels.

Comment dresser un chien

Des instincts et des comportements ont été plus particulièrement développés chez certaines races de chien, pourtant, chaque animal a sa propre personnalité, et la durée de l'éducation varie suivant les individus. Éduquer son chien ne signifie pas qu'il faille systématiquement s'inscrire à un cours spécialisé – encore que cela puisse être utile – ni s'imposer une séance quotidienne d'exercices dans un parc voisin ; c'est surtout une attitude. Le premier chapitre de cet ouvrage décrit le fonctionnement mental du chien ; on y apprend également quand et comment donner les ordres et distribuer les récompenses.

Les premiers apprentissages

Le deuxième chapitre est consacré aux chiots ; il explique l'intérêt de dresser un chiot à séjourner dans une cage et à tenir sa place dans la maison, l'importance de la toilette et les ordres de base. Vous y trouverez également des conseils sur le matériel à utiliser. En suivant bien ces instructions, vous augmenterez vos chances d'avoir à vos côtés, pendant dix à quinze ans, un parfait compagnon.

Le dressage individuel

Dans le troisième chapitre, les exercices de dressage individuel sont détaillés, chaque étape étant illustrée par une photographie. Même s'il obéit à certaines règles générales, tout chien est un individu unique : il réagit toujours de façon différenciée à la stimulation mentale ou physique ; il possède une sexualité, un instinct de défense du territoire, un sommeil, un appétit et un besoin de confort qui lui sont propres. Bien entendu, son tempérament, sa faculté d'attention, son âge et son sexe influent sur sa réaptivité au dressage. Il convient

donc d'adapter les techniques à la personnalité de l'animal. Ce chapitre traite de l'éducation de base, mais il vous informe également sur la manière d'apprendre à votre chien à rapporter, à s'exprimer, à utiliser ses pattes, etc. Vous y trouverez par ailleurs des conseils sur la meilleure façon de présenter un chien aux enfants, aux étrangers, aux autres chiens ou animaux.

Les troubles du comportement chez le chien
Certains chiens, quoique correctement dressés, développent de mauvaises habitudes, ou encore présentent des troubles comportementaux. Ces problèmes sont abordés dans le quatrième chapitre, qui explique toute la différence existant entre des comportements canins naturels mais jugés inacceptables par l'homme, tel le marquage du territoire, et les mauvaises habitudes acquises, comme les réactions dévastatrices du chien laissé seul à la maison.

Causes et remèdes
Le quatrième chapitre passe en revue les mauvaises habitudes fréquentes chez les chiens – l'animal tire sur sa laisse, ne répond pas aux appels de son maître, poursuit passants ou animaux – et envisage les remèdes à y apporter. Il aborde également les différentes formes d'agressivité, la nervosité, les morsures défensives, le mal des transports, les problèmes sexuels, l'ennui, les difficultés alimentaires, etc.

La récompense du dressage
Il n'est pas nécessaire d'être un très brillant dresseur pour avoir un chien bien élevé, mais il faut se consacrer à la tâche avec sérieux et persévérance. Dresser un chien, c'est non seulement lui inculquer les ordres de base, mais aussi prendre les décisions correctes concernant l'endroit où il dormira, le type de jouets à lui donner ou encore ses heures de repas. Le dressage tire le meilleur parti des facultés naturelles du chien, renforce votre statut de maître et vous aide à comprendre votre compagnon. Vous découvrirez alors que votre compagnon est l'animal le plus fidèle, le plus actif et le plus agréable qui soit.

CHAPITRE PREMIER

Le fonctionnement mental de votre chien

Les chiens, comme l'homme, ont besoin de compagnie et de stimulation tant physique que mentale. Par reproduction sélective, l'homme a exacerbé chez certains chiens quelques-uns des traits de caractère du loup, afin de s'en faire un allié précieux, heureux de vivre aux côtés de la « meute » humaine et prêt à s'y soumettre. Les chiens sont sensibles aux marques de satisfaction qu'on leur témoigne ; ils développent en revanche de mauvaises habitudes lorsqu'ils s'ennuient. Toujours en éveil, ils ne cessent d'apprendre, qu'on les y incite ou non. Ce ne sont toutefois pas des singes savants ou des copies d'êtres humains : chaque chien a sa personnalité propre ; l'intelligence, la tolérance et les aptitudes au dressage varient d'un individu à l'autre.

Le mode de pensée du chien

Le chien a un mode de pensée logique, mais beaucoup plus simple que celui de l'homme. Comme son ancêtre le loup, c'est un animal de meute, qui reconnaît un seul chef, et dont survie et confort constituent les préoccupations premières. Le terme de survie signifiant avant tout nourriture, le dressage sera facilité par l'octroi de « friandises », destinées à récompenser la bonne volonté de l'animal. Mais il est également possible d'exploiter d'autres désirs naturels du chien, tels que la quête de confort, le jeu ou bien encore la possession d'un domaine personnel au sein de votre maison.

La meute originelle
Le comportement du chien est proche de celui du loup. Par sélection, l'homme a accentué certains traits de caractère du loup et en a gommé d'autres.

La meute moderne
Les chiens de compagnie ont rarement l'occasion de vivre en meute. Les chiens de traîneau constituent les plus fréquentes exceptions : la meute compte alors deux chefs, un chien et un homme.

C'est le chef de la meute qui reçoit la nourriture

Le chef de meute affirme sa domination en se dressant au-dessus de ses congénères

L'obéissance consentie
Peu de chiens veulent être des chefs de meute. La majorité préfèrent se sentir sécurisés par l'autorité d'un autre. L'apprentissage précoce de l'obéissance renforce cette tendance naturelle et apprend au chiot à exécuter les instructions données par l'homme.

Le chiot est récompensé d'avoir obéi à un ordre

Les techniques de survie
Les activités physiques et mentales du chien sont liées à la survie. C'est pourquoi il vous faudra intervenir pour l'empêcher d'avoir des comportements indésirables, comme celui de fouiller dans les poubelles.

Le chien s'appuie contre son chef de meute, en quête de sécurité et de confort

La recherche du confort

Comme l'homme, le chien apprécie le confort ; mais si vous laissez votre chiot grimper sur le canapé du salon, il se sentira autorisé par la suite à s'y installer. Veillez donc à circonscrire le domaine du chien.

La sanction des mauvaises habitudes

Il est rarement nécessaire de recourir à la force physique pour discipliner un chien. De lui-même, l'animal changera de comportement si cela lui permet d'éviter des désagréments tels que le jet d'un pistolet à eau.

Le domaine personnel

Comme le loup, le chien défend instinctivement le territoire de la meute. Les chiens de compagnie apprennent à reconnaître les délimitations du territoire familial – voiture, maison, jardin –, qu'ils défendent souvent.

La stimulation mentale

Votre chien a toujours besoin d'être stimulé, mentalement autant que physiquement. Fournissez-lui des jouets qui l'intéressent, et défendez-lui de mâchonner d'autres objets.

Les relations sociales

Offrez à votre chiot des occasions de rencontre avec d'autres chiens ; à défaut, il risque de ne supporter que les humains une fois parvenu à l'âge adulte.

Les récompenses

N'attendez pas d'un chien qu'il obéisse la première fois que vous lui donnez un ordre, mais récompensez toujours sa bonne conduite. Les chiens apprennent vite à associer certains mots à des réactions et à des récompenses.

Le chien vient chercher son jouet favori

Physique et comportement

PETITS CHIENS

L'homme a créé de petites races en sélectionnant systématiquement les petits éléments des portées – des chiots qui n'auraient pas survécu sans son intervention – et en les incitant à se reproduire. Les chiens de petite taille sont moins absorbés par la quête de nourriture que les grands. Toutefois, ils sont plus « difficiles » sur le plan alimentaire, et donc moins sensibles aux récompenses comestibles.

Le poil épais retient la chaleur corporelle

DENSITÉ DU PELAGE

Les chiens recherchent volontiers le contact de l'homme. Cependant, les races à pelage épais paraissent plus indépendantes, simplement parce que la solitude est synonyme de fraîcheur.

Les races

La sélection des races a longtemps porté sur le caractère et les capacités des chiens, et ce n'est que depuis deux siècles environ que l'on privilégie la taille, la robe et la couleur. En même temps que le tempérament, on développait certains types morphologiques, ainsi que des densités de poil. En perpétuant ces caractéristiques, l'homme a également maintenu les différences de comportement entre races. Ainsi, à telle ou telle race est associé tel ou tel trait de caractère, et certains types de chiens sont plus faciles à dresser que d'autres.

Les chiens de berger
Les Collies et autres chiens de berger ou de troupeau ont été créés pour travailler en collaboration avec bergers et fermiers. Initialement élevés pour leur vigueur, ce sont des chiens loyaux et énergiques, qui aboient lorsqu'ils sont excités.

Les races nordiques
Au nombre des chiens nordiques ou de type Spitz figurent le Husky, le Chien d'Élan (Elkhound), l'Akita-Inu japonais et le Chow-Chow. Ces chiens ont de puissantes épaules et des fourrures épaisses. Très résistants, ce sont des chiens indépendants.

Les chiens de garde
Les chiens de montagne, comme le Bouvier bernois et le Montagne des Pyrénées, ont été créés pour garder les troupeaux en l'absence du berger. Ils sont calmes, très indépendants, avec une tendance à la surprotection. Doberman et Boxer ont été élaborés pour garder les maisons.

Les lévriers
Greyhound, Whippet, Deerhound, Lévrier Afghan ou Saluki sont bâtis pour la vitesse. Peu démonstratifs, ils se montrent parfois franchement distants.

Les chiens d'arrêt et les retrievers

Setter, Pointer, Épagneul et surtout retriever ont été sélectionnés pour coopérer avec l'homme et obéir à ses ordres. Ils sont souvent très affectueux.

Les disparités entre sexes

Les différences de caractère existant entre les races sont également notables entre les sexes. Le cerveau du chien est « masculinisé » par un afflux hormonal juste avant la naissance, de sorte que, avant même la puberté, les chiens sont plus grands que les chiennes, défendent ardemment leur territoire et tentent d'affirmer leur dominance. Ces comportements peuvent s'exacerber à la puberté, puis vers 2 ans, ce qui risque de rendre le dressage difficile. Le cerveau de la chienne est « neutre » à la naissance ; il se « féminise » à la puberté, et les hormones femelles peuvent modifier le caractère de l'animal. Une stérilisation juste avant la maturité sexuelle « fixe » très souvent la personnalité d'un chien.

Les chiens de chasse

Chien de Saint-Hubert, Basset et Beagle étaient destinés, à l'origine, à suivre la piste, travailler en meute et signaler le gibier aux chasseurs. Ils communiquent bien avec les autres chiens et ils ont un flair remarquable.

Le nez est volumineux et le flair très développé

Les Terriers

Élaborés à l'origine pour chasser le petit gibier et les rongeurs, les Terriers sont pour la plupart de petits fouisseurs robustes, aux aboiements puissants : ils reculent rarement devant la proie. Il leur arrive fréquemment de pincer ou de mordiller.

Les chiens de compagnie

Les Toys, comme le Chihuahua, l'Épagneul Tibétain, les Caniches, les Épagneuls nains ou encore les Bichons, sont exclusivement des animaux de compagnie, affectueux et recherchant le contact avec l'homme.

Le poil doit être entretenu très fréquemment pour ne pas s'emmêler

Les types de personnalité

Même si les chiens d'une même race ont des traits de caractère communs, chaque individu, on l'a dit, est unique. Certains sont extravertis et aiment à se faire remarquer ; d'autres sont plus soumis. Ces deux types de chien peuvent être dressés, mais de manière différente. La réceptivité au dressage est également fonction de la provenance de l'animal, de son vécu, ainsi que de son sexe. Un chien est plus facile à dresser lorsqu'il a été stérilisé ; il en va de même des femelles hors période de chaleurs.

LES DIFFÉRENTES PERSONNALITÉS

Dominant et assuré
Quelle que soit leur race, certains chiens sont naturellement sûrs d'eux. Les mâles tendent à être dominants et plus assurés que les femelles. Le dominant risque d'être moins apte au dressage.

Soumis et mal assuré
Un chien naturellement soumis à qui l'on donne brutalement un ordre peut être pris de panique. Ce type de chien doit bénéficier d'un dressage patient et doux.

Le chien se tapit craintivement

Le maître donne un ordre

L'attention du chien se concentre sur un autre chien

Distrait
Certains chiens sont plus enclins à jouer avec leurs congénères qu'à obéir à leur maître. Il s'agit souvent d'animaux qui n'ont pas été suffisamment habitués à l'homme dans leur jeune âge. Il convient, dans un premier temps, de dresser ces chiens individuellement et non en groupe.

Coopératif et sensible
Le chien le plus facile à dresser est celui qui est naturellement curieux et qui apprécie la compagnie de l'homme. Les chiens attentifs se dressent très rapidement.

LA PROVENANCE DES CHIENS

Les chiens recueillis
Un chien recueilli, en particulier lorsqu'il s'agit d'un adulte, manifeste souvent des troubles du comportement inattendus. Aussi n'adoptez un chien de la SPA que si vous êtes prêt à lui accorder l'attention et l'énergie dont il a besoin *(voir page 86)*.

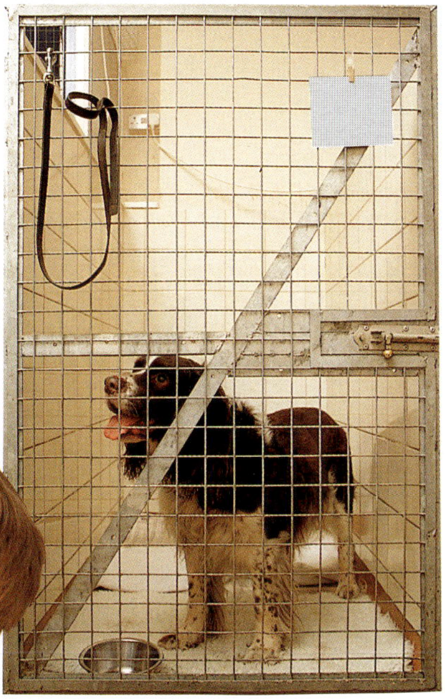

Les chiens du commerce
Il y a, bien sûr, des exceptions, mais en règle générale, les animaux achetés dans les animaleries présentent davantage de maladies et de troubles comportementaux que ceux issus d'élevages. Nombre des problèmes rencontrés sont dus à une socialisation inadéquate durant les premiers mois de la vie du chien, qui constituent une période critique. En effet, le manque de contact avec l'homme, les périodes d'isolement et autres incidents désagréables avec ses congénères affectent le caractère du chien.

Les chiens d'élevage
L'idéal pour acquérir un chien est de s'adresser à un chenil qui veille sur la santé physique et mentale de ses pensionnaires. Choisissez un élevage sérieux, faites une visite préalable et demandez à voir la mère des chiots ainsi que d'autres chiens adultes.

Les traits de caractère

DOMINANCE

Certains chiens très dominants manifestent leur supériorité par des mimiques d'intimidation – regard fixe, queue dressée, babines retroussées pour dévoiler les crocs et aboiement menaçant. Le dressage de ce type d'animal requiert le concours d'un professionnel.

SOUMISSION

A l'inverse, les chiens totalement soumis fuient le regard, rentrent la queue entre les pattes lorsqu'on leur donne un ordre et sont terrorisés à la moindre approche. Si votre chien se comporte ainsi et n'a jamais été dressé, faites appel à un professionnel.

COMPROMIS

La majorité des chiens se situent entre ces deux extrêmes. Dominants dans certaines circonstances et face à certaines personnes, ils se montrent soumis en d'autres occasions. La personnalité de la plupart des chiens constitue un mélange de ces deux comportements.

MANIPULATION

Certains chiens réussissent à dominer leur propriétaire en mimant la faiblesse et la soumission. Un chien de ce type gratte la jambe de son maître pour être pris dans les bras ou refuse de manger. Ces animaux manipulateurs sont des individus dominants qui ont trouvé un moyen différent d'exercer leur autorité.

HIÉRARCHIE

Le chien doit apprendre à obéir à n'importe quel membre de la famille. Il lui faut comprendre que, dans certaines circonstances – par exemple lorsqu'un bruit lui parvient de l'extérieur –, il peut affirmer sa dominance par un aboiement d'avertissement, alors que, dans d'autres, il doit se contenter d'obéir.

Les premiers apprentissages

Le comportement du chien que vous venez d'acquérir a été influencé par celui de sa mère et par ses relations avec les autres chiots de la portée. Par exemple, si la chienne aboie pour attirer l'attention, il est probable que ses petits en feront autant. La période comprise entre trois et douze semaines est capitale dans le développement de la personnalité du chien. Huit semaines est l'âge idéal pour adopter un chiot. En veillant, durant le mois qui suit, à lui proposer des expériences diversifiées, vous poserez les bases d'un bon dressage.

Le chiot examine sans crainte les nouveaux visages

Les rapports avec l'homme

Faites en sorte que votre chiot rencontre le plus tôt possible de nombreuses personnes. Emmenez-le avec vous en voiture et chez vos amis. Laissez-le jouer avec d'autres chiens que vous savez en bonne santé, présentez-le aux enfants et aux adultes.

Le jeu

Le jeu est essentiel pour stimuler votre chien physiquement et mentalement. Déterminez ses jouets préférés (qui ne doivent pas ressembler à des objets domestiques) et servez-vous-en comme récompense lors du dressage.

Le chiot s'adonne au jeu sans réserve

Le contrôle du jeu

Vous devez toujours contrôler les jeux de votre chien. Tout en jouant, observez le comportement du chiot, et, si vous le voyez prêt à s'asseoir, intimez-lui l'ordre « Assis ».

La récompense

Lorsque le chiot obéit à un ordre, récompensez-le immédiatement par une caresse ou des mots apaisants. Vous êtes l'individu dominant et vous devez toujours garder le contrôle de la situation.

Le chiot aime être caressé

Le développement social

RENCONTRES

Les chiens doivent apprendre à se comporter correctement, entre eux et avec d'autres espèces, dont l'homme. C'est là une tâche difficile, et l'apprentissage du « savoir-vivre » doit se faire très tôt – avant le quatrième mois. Faites en sorte que le tout jeune chiot rencontre des membres d'autres espèces – chats ou chevaux. Vous limiterez ainsi les risques de problèmes ultérieurs. En prenant l'avis de votre vétérinaire ou du club canin local, organisez des rencontres hebdomadaires *(voir page 122)*, au cours desquelles les chiots apprendront à se comporter en présence d'autres chiens et d'étrangers.

ISOLEMENT SOCIAL

Les chiens isolés dans leur jeune âge peuvent se révéler difficiles à dresser. L'absence de contacts précoces avec l'homme risque de limiter l'aptitude de l'animal à obéir aux ordres. Aussi, avant d'acquérir un chien, efforcez-vous d'obtenir des informations sur ses premières expériences. L'éducation d'un chiot qui a vécu isolé nécessite souvent un surplus d'attention, et parfois l'intervention d'un professionnel.

Les bonnes habitudes

Si vous habituez un chiot à être pris systématiquement dans les bras, il s'attendra à ce que cette habitude perdure et ne sera jamais un adulte assuré.

La stimulation

Les chiots qui sont activement stimulés entre la troisième et la douzième semaine sont plus aptes, une fois parvenus à l'âge adulte, à apprendre et à résoudre les problèmes. Un chiot apprend d'abord en imitant sa mère ; dans sa famille adoptive, il faut donc que quelqu'un joue le rôle de « mère de substitution » et prenne en main le dressage du chiot – avec la participation des autres membres de la famille.

D'instinct, le chiot se sait dominé

Comprendre la peur

Évitez autant que faire se peut les situations effrayantes à votre chiot. Si elles ne sont pas rapidement surmontées, les peurs éprouvées dans le tout jeune âge peuvent se muer en phobies permanentes.

Récompenses et discipline

Le chien que l'on dresse a constamment besoin d'encouragements. Friandises, jouets, paroles de satisfaction et caresses constituent des récompenses qu'il apprécie. Les châtiments corporels sont à bannir. En revanche, si le chien a fait une bêtise, isolez-le immédiatement ou surprenez-le de façon désagréable.

RÉCOMPENSES

Les friandises
Placez une friandise au-dessus du museau du chien ; c'est efficace lorsqu'il a faim.

Les caresses
Les caresses sont importantes durant tout le dressage. Félicitez le chien en promenant longuement la main sur son flanc.

Les jouets
Pour le stimuler, présentez à votre chien son jouet favori – vous saurez rapidement lequel il préfère

FRIANDISES ET JOUETS

Chaque chien a ses friandises et ses jouets préférés. Vous les identifierez en observant les réactions de l'animal et vous en servirez pour récompenser sa bonne conduite. La plupart des chiens apprécient les récompenses alimentaires, mais certains préfèrent les jouets. Lors des séances de dressage, ayez friandises et jouets à portée de la main.

MESURES DISCIPLINAIRES

L'isolement du fautif
Lorsqu'un chien se comporte mal, placez-le à l'écart de l'activité de la maisonnée, qu'il apprécie beaucoup. Mais ne prolongez pas la punition au-delà de quelques minutes et faites-la suivre d'une période de détente.

Le chien isolé hurle devant la porte close

« LAISSE »

La maîtresse assortit l'ordre verbal d'un jet de pistolet à eau

La réprimande
Un ordre ferme, assorti du jet inattendu d'un pistolet à eau – déplaisant mais inoffensif –, est un bon moyen de réprimander un chien qui a commis une faute.

Le chien ne s'attend pas à être châtié et tend le museau pour saisir la nourriture

Les erreurs courantes

RÉCOMPENSES INAPPROPRIÉES

Tapoter un chien sur la tête ne doit pas être une récompense ; c'est un geste de domination. Flattez le chien en tapotant ses flancs.

TROP DE JOUETS

Un chien auquel on donne trop de jouets peut penser qu'il a le droit de mâchonner n'importe quoi. Trois jouets constituent un maximum.

RÉCOMPENSES IMPRÉVUES

Ne laissez pas votre chien fourrager dans la poubelle, où il risque de trouver des récompenses que vous n'avez pas prévues.

Une parfaite coordination

Lorsque vous entamez le dressage d'un chien, veillez à lui faire comprendre tout d'abord que des récompenses sont à sa portée. Félicitez-le et récompensez-le dès qu'il a exécuté un ordre. Quand votre chien a assimilé vos signaux verbaux et manuels, diminuez les friandises. Ne réprimandez jamais un chien pour ses échecs : il ne comprendrait pas l'objet de votre colère.

Le contact visuel

Attendez que le contact visuel soit établi avec le chien pour donner un ordre de la voix et de la main. Ne stimulez pas l'animal à l'excès en lui octroyant trop de friandises.

L'octroi de la friandise est associé à l'ordre et au signe de la main

Le langage corporel

Anticipez le comportement du chien en observant bien son langage corporel. Donnez un ordre lorsque vous sentez que le chien est en train de se déconcentrer, et non après qu'il a désobéi.

Le chien se déconcentre

Le chien est récompensé dès qu'il obéit

Les récompenses immédiates

Dès qu'il a exécuté votre ordre, récompensez votre chien. Au début, associez nourriture et félicitations. Par la suite, diminuez les friandises, mais ne ménagez ni les caresses ni les encouragements.

Anticiper
Commandez à votre chien de rester sur place à l'instant même où le contact visuel s'établit entre lui et un autre chien, avant qu'il se hérisse, gronde ou commence à tirer sur sa laisse.

La maîtresse se tient prête à détourner la tête du chien

Unc récompense imprévue
En poursuivant ce cycliste, le chien éprouve une satisfaction instantanée, qui l'incitera à recommencer.

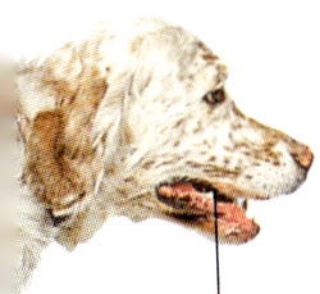

L'excitation de la poursuite fait haleter le chien

Les erreurs courantes

PLUSIEURS CHIENS

Mieux vaut laisser aux professionnels le soin d'éduquer plusieurs chiens à la fois. Contentez-vous d'en dresser un, en veillant à tenir les autres à l'écart.

PUNITION INOPPORTUNE

Le chien ne comprend pas la colère de sa maîtresse

Ne réprimandez votre chien que si vous le voyez commettre une faute. Les manifestations de colère tardives ne feraient que perturber l'animal.

La mendicité est inacceptable et ne doit pas être encouragée

RENFORCEMENT DES ATTITUDES

Les récompenses périodiques sont le meilleur moyen de renforcer un bon comportement.

Les ordres

Les chiens réagissent bien aux ordres brefs et nets, accompagnés d'un signe clair de la main. Évitez surtout de répéter sans cesse un ordre, sous peine de brouiller les idées de l'animal. Attirez son attention en l'appelant par son nom, puis ordonnez. Les inflexions de voix et les expressions du visage sont importantes. Souriez si vous êtes content, prenez un air sévère si l'animal a désobéi.

Attirer l'attention
Appelez l'animal par son nom pour attirer son attention. Tenez-vous debout et stimulez le chien en lui montrant une friandise.

Le langage corporel
Encouragez le chien à réagir en adoptant une position accueillante. Souriez, prenez un ton amical et animé, et tendez les bras.

Un ton ferme
Pour interdire quelque chose à un chien, prenez une voix grave – c'est particulièrement efficace pour certains individus – et dites « Non » avec fermeté.

Une attitude sévère
Lorsque votre chien commet une faute, prenez une posture menaçante et donnez un ordre négatif – « Non », par exemple – en simulant la colère. Si votre chien est particulièrement dominateur et désobéit en permanence, consultez un professionnel.

Le chien perçoit l'attitude de son maître comme menaçante

« ASSIS »

Le chien apprend que l'avant-bras levé signifie « Assis »

Le chien regarde et écoute

Les signes de la main
Enseignez au chien à réagir à des associations mots/signe. Lorsque l'animal se trouve un peu éloigné de vous, commencez par l'appeler par son nom, puis adressez-lui des signes clairs de la main.

Recommandations

COMPRÉHENSION DU LANGAGE

Les chiens ont une compréhension limitée du langage humain. Ils réagissent surtout aux mots courts et nets. Choisissez donc pour votre compagnon un nom d'une ou deux syllabes, ne ressemblant à aucun terme courant. Pour redonner au chien sa liberté après un ordre, utilisez des termes simples tels que « Va », ou « Fini ».

VALEUR DU « NON »

« Non » est l'un des mots les plus importants à enseigner à un chien, car il peut l'empêcher de commettre un acte dangereux. Il faut savoir quand et comment dire « Non ». Si un chien timide recule devant un étranger et que vous lui dites « Tout va bien », pour le rassurer, vous lui faites croire en réalité que vous approuvez sa conduite. C'est un « Non » ferme qu'il faut prononcer.

LANGAGE CORPOREL

Le chien décrypte bien le langage corporel de l'homme. Il remarque chez vous une déconcentration ou l'ennui lors d'une séance de dressage. Montrez-vous généreux dans vos congratulations, ferme dans vos réprimandes. Soutenez l'attention du chien en étant vous-même très présent durant le dressage.

Un moment heureux

Le dressage doit être agréable pour le chien mais aussi pour vous-même. Commencez-le dans un endroit calme et augmentez les éléments de distraction au fil des semaines, jusqu'à ce que le chien soit capable de se comporter correctement. Ne prolongez pas les séances, ne donnez jamais un ordre inutile et achevez la « leçon » sur une note positive.

Le chien est trop fatigué pour travailler

Des séances courtes
La faculté d'attention est plus faible chez le chien que chez l'homme : deux séances quotidiennes de dressage de quinze minutes constituent un maximum. Ne vous obstinez pas si votre chien ou vous manquez de concentration.

La nourriture est une récompense appréciée par un chien qui a faim

Le moment adéquat
C'est au moment où le chien a faim qu'il faut effectuer les séances de dressage : il est alors en éveil et ne demande qu'à recevoir des friandises.

Les récompenses de base
Les bouchées de nourriture sont très appréciées, mais évitez de donner celles que le chien préfère, car il risque de se concentrer sur elles et non sur la leçon. Certains chiens apprécient les jouets qui couinent, mais n'en utilisez pas si vous voyez l'animal s'en écarter.

Récompensez l'obéissance par des friandises

Les récompenses « morales »
Diminuez au fil des jours les récompenses comestibles, mais conservez les félicitations. Le chien finira par se contenter des éloges.

Le chien obéit au seul ordre

Le dressage en plein air

Lorsque le chien obéit dans le cadre de la maison, procédez à des séances à l'extérieur, mais dans un endroit tranquille. Veillez à conserver une attitude de contrôle, de façon à être en mesure de faire exécuter vos ordres.

Le chien est en laisse et sous le contrôle de sa maîtresse

Les lieux animés

Dès que le chien obéit à l'intérieur et en plein air dans les endroits calmes, procédez à des séances dans des lieux de plus en plus animés.

Le chien obéit à l'ordre en présence d'un autre chien

Faire exécuter les ordres

Ne donnez un ordre que si vous contrôlez la situation. Ce chien a été distrait, mais, parce qu'il est tenu en laisse, le maître sait qu'il peut le faire obéir s'il ne répond pas à la voix et dédaigne les friandises.

Lors des séances de dressage, le chien est retenu par une longue laisse

Dressage n'est pas détente

Les chiens ont besoin d'exercice et de jeux avec leurs congénères. Le dressage ne remplace pas ces activités. Veillez à ce que l'animal puisse prendre l'exercice que requièrent son âge, sa race et son tempérament.

Après le travail, le plaisir

Terminez chaque séance par un exercice agréable. Jouez avec l'animal, n'attendez pas la fin de la leçon pour distribuer les récompenses les plus appréciées – le chien chercherait à abréger l'exercice pour les recevoir.

CHAPITRE DEUX

Le dressage de base

Un chien est d'autant mieux disposé à apprendre qu'il est jeune. N'attendez donc pas que le vôtre ait atteint 6 mois pour lui faire assimiler les commandements de base ; commencez le dressage dès son arrivée au foyer. Procurez-lui un collier à la bonne taille, un lieu où dormir et jouer, ses propres jouets. Établissez votre programme éducatif initial sur la nourriture, en donnant des ordres simples et en récompensant l'animal par son repas. La plupart des chiots apprennent en quelques jours à s'asseoir sur commande lorsqu'on prépare leur pâtée, et à attendre sagement la distribution. Très tôt, favorisez les rencontres avec les autres humains et les animaux, et mettez en place une bonne fois pour toutes les rituels de la vie quotidienne.

Faire connaissance avec la maison

L'éducation d'un chiot commence dès son arrivée au foyer. Vous devez lui inculquer les règles à respecter avant qu'il invente les siennes. Si un seul membre de la famille doit prendre la responsabilité du dressage proprement dit, chacun doit s'occuper très régulièrement du chiot, qui apprend ainsi à supporter collier et laisse, à manger dans son écuelle, à dormir sur sa couche, à venir quand on l'appelle et à attendre sur ordre.

Le chiot porte un collier et une plaque d'identification

Apprendre le respect
Un chiot doit toujours apprendre à respecter tous les membres de sa famille d'accueil, afin que chacun puisse s'occuper de son éducation.

Apprendre à attendre
Le chiot doit apprendre que les humains mangent avant lui, ce qui fait d'eux des individus dominants.

Une laisse permet à la maîtresse de contrôler le chiot

Incitation contre punition
On réussit mieux à détourner un chiot de ses activités en l'alléchant avec de la nourriture qu'en le punissant.

La nourriture est présentée près du sol en même temps que la maîtresse dit : « Descends ! »

Le chien se sent en sécurité et aime observer la famille

La couche-refuge

Les chiens sont des animaux curieux et sociables, qui n'apprécient pas d'être mis à l'écart de la famille. Prévoyez une couche qui sera son domaine personnel, et placez-la dans un endroit animé – un coin de la cuisine, par exemple.

Le chiot qui mord

CURIOSITÉ

Le chiot explore son environnement en le « goûtant ». Il mordille par jeu, mais vous devez lui faire perdre cette habitude par des « Non » fermes.

DISSUASION

Cet aérosol qui diffuse un produit amer, non toxique, est disponible dans la plupart des cliniques vétérinaires.

Vaporisez le produit sur les objets que vous voulez protéger

Apprendre à céder le passage

Un chien se précipite instinctivement pour passer le premier. En apprenant au chiot à vous céder le passage, vous asseyez votre autorité. Tant que l'animal n'a pas assimilé que vous le dominez, le dressage risque d'être difficile.

Le chiot en laisse attend que sa maîtresse ait franchi le seuil

Un domaine privé

Apprenez au chiot à rester dans une cage avec ses jouets *(voir page 34)* en l'y faisant séjourner pendant de courts laps de temps. La cage peut être placée la nuit dans votre chambre.

Le matériel de base

Choisissez des accessoires appropriés à la taille et au tempérament de votre chien ; remplacez le collier de votre chiot au fur et à mesure qu'il grandit. Vous aurez besoin d'une laisse courte, d'une laisse longue et d'une corde fine pour les exercices à l'intérieur. Harnais et muselières sont réservés à certains types de chiens *(voir pages 54 et 55).*

COLLIERS

Collier a boucle catadioptre

Gros collier a boucle en cuir et nylon

Petit collier a boucle en cuir et nylon

Collier pour chiot avec plaque d'identité

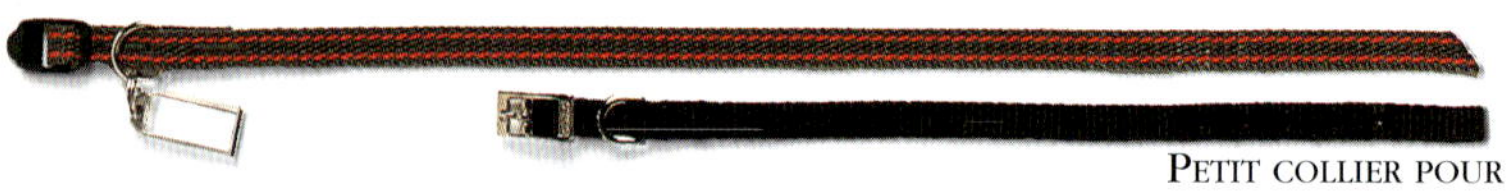

Petit collier pour chiot

Grand collier coulissant réglable

Collier coulissant réglable moyen

Petit collier coulissant réglable

Collier semi-étrangleur

Toutes formes et tailles

Un collier est bien réglé lorsque vous pouvez glisser deux doigts dessous. Les colliers fermés par une boucle conviennent à la plupart des chiens. Pour les animaux plus turbulents, choisissez un collier semi-étrangleur *(voir page 54).* Les colliers étrangleurs doivent être utilisés à bon escient, mais ils peuvent se révéler dangereux pour les chiens tels que le Yorkshire-Terrier, dont la trachée est fragile.

Collier étrangleur

LAISSES

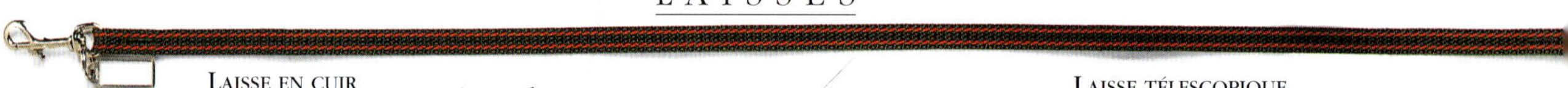

Laisse en cuir

Sangle de 2 mètres

Laisses longue et courte

Un chien doit toujours se trouver sous votre contrôle, en particulier durant son dressage. Outre la laisse standard, vous utiliserez en plein air une longue laisse en coton, et à l'intérieur une corde en nylon terminée par une attache à fixation rapide. Assurez-vous que ni la laisse ni le système de fixation ne sont trop lourds pour votre chien. Les laisses télescopiques sont intéressantes car elles offrent au chien un certain degré de liberté.

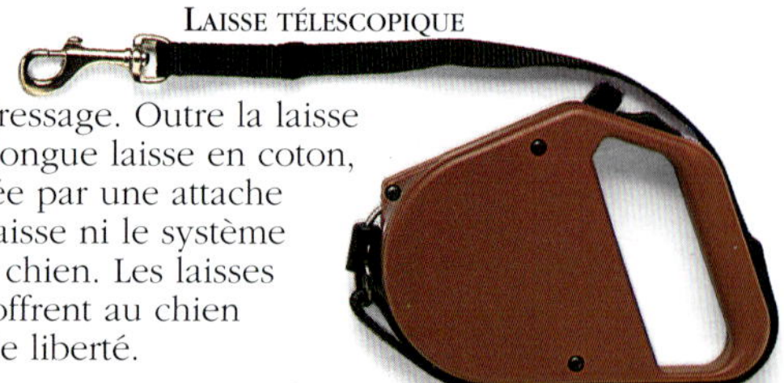

Laisse télescopique

Sangle de 6 mètres

Longe en nylon

Corde en nylon

HARNAIS

HARNAIS DE TÊTE

COLLERETTE

HARNAIS DE TÊTE RÉGLABLE

ADAPTATEUR POUR HARNAIS DE TÊTE

Contrôle total

Les harnais de tête *(voir page 55)* conviennent aux chiens craintifs, mais également aux téméraires, aux indépendants et aux rongeurs impénitents. La laisse vient s'accrocher à un anneau situé sous la mâchoire inférieure du chien. Si l'animal se jette en avant, son mouvement lui ferme la gueule et lui rabat la tête vers le bas. Utilisez un harnais de corps sur les chiens à petite tête ou à trachée fragile *(voir page 54)*.

HARNAIS DE CORPS

MUSELIÈRES

La prévention des morsures

Les chiens s'habituent très rapidement au port de la muselière. Outre ses avantages évidents en ce qui concerne les chiens agressifs, elle évite aussi les déprédations des chiens rongeurs et empêche les fouilleurs de poubelles d'ingérer des substances nocives. Les muselières en corbeille autorisent l'aboiement, voire le halètement. Un chien muselé ne doit jamais être laissé longtemps sans surveillance.

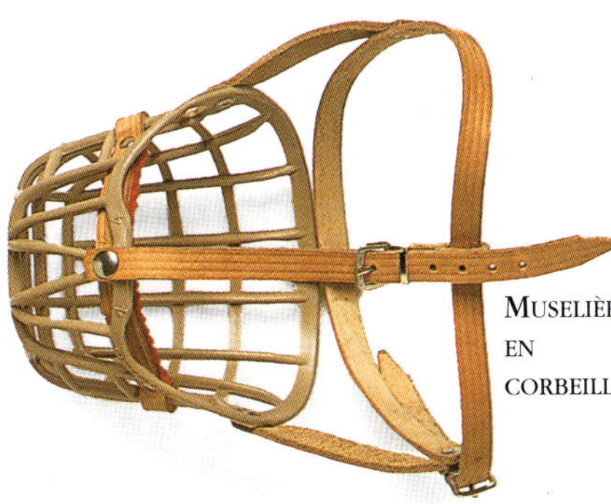

MUSELIÈRE EN CORBEILLE

Matériel complémentaire

COUSSIN « SAC DE BILLES »

PARC POUR CHIOT

CAGE

HAVRES POUR CHIEN

Les coussins « sac de billes » font des couches excellentes ; les parcs garnis de journaux fournissent des aires de jeu et des lieux circonscrits. La cage est à réserver au repos.

GILET DE SAUVETAGE

Les chiens savent nager d'instinct, mais ils risquent de se noyer d'épuisement. En bateau, munissez-les d'un gilet de sauvetage.

SAC A DOS

Le chien qui accompagne ses maîtres en randonnée ou en camping est capable de transporter dans un sac approprié sa nourriture et ses écuelles.

L'apprentissage de la cage

Une cage, qui pourrait vous apparaître comme une prison, est en fait un refuge pour le chien qui y a été habitué dès son plus jeune âge. Le séjour dans la cage doit être une récréation pour le chien, jamais une punition. En limitant les risques de déprédations, la cage facilite l'apprentissage de la maison ; elle permet également d'emmener le chien en voyage.

L'eau doit être placée dans un récipient qui ne se renverse pas

1 Commencez par installer dans la cage une couche moelleuse, un récipient d'eau et un jouet. Dans un premier temps, laissez la porte ouverte.

2 Incitez le chiot à s'aventurer dans son nouveau domaine au moyen d'une friandise et en ordonnant « Dans ta cage ». Veillez à ce que la porte reste ouverte pour que l'animal puisse sortir dès qu'il le désire.

Le chiot entre volontiers dans son refuge

3 Une fois que le chiot est habitué à sa cage, il continuera à l'utiliser de lui-même.

Le chiot s'amuse beaucoup avec son jouet

4 Fermez la cage pendant quelques minutes tandis que le chien est occupé à jouer. La cage doit être installée dans un endroit animé, tel que la cuisine.

5 Détendu, le chien s'endort paisiblement dans sa cage. Même un chien parfaitement habitué à la cage ne doit pas y être laissé plus de deux heures par jour, et seulement après avoir pris de l'exercice.

PARC POUR CHIOT

Ce chiot, habitué à la cage, aime jouer dans un parc. Certains chiens, en particulier ceux qui ont été recueillis après un abandon, ne supportent pas d'être enfermés, mais c'est rarement le cas des chiots.

Les avantages

Le chien est détendu ; il se sent en sécurité

La cage est une sécurité en cas d'accident

MOYEN DE TRANSPORT

Les problèmes liés au transport sont facilement résolus lorsque votre chiot est habitué à séjourner dans sa cage. Il s'y sentira en sécurité s'il doit voyager en voiture.

COPAINS DE PARC

Deux chiots peuvent jouer ensemble sans dévaster la maison à l'intérieur d'un parc tapissé de journaux.

L'apprentissage de la propreté

L'apprentissage de la propreté est plus ou moins long suivant les chiens. Dans le cas d'un animal adulte qui n'a jamais été dressé, procédez comme avec un chiot. Ne punissez jamais un chien pour les dégâts qu'il a pu commettre ; cela ne ferait que le rendre nerveux et méfiant vis-à-vis de vous. En revanche, anticipez : conduisez l'animal à l'endroit où il peut faire ses besoins à son réveil, après le repas ou une séance de jeu. Si vous êtes retenu chez vous, enfermez-le dans sa cage *(voir page 34)* jusqu'au moment où vous pourrez le sortir : vous éviterez ainsi les accidents. Pendant que votre chien se soulage, dites-lui « Presse-toi », et félicitez-le ensuite. Il apprendra ainsi à faire ses besoins sur ordre.

La sonnerie d'un réveil vous rappellera qu'il est temps pour le chiot de faire ses besoins

Les horaires

Les chiens s'efforcent de conserver propre leur domaine personnel. Si vous êtes occupé, enfermez le chiot dans sa cage et donnez-lui un jouet à ronger. Mais ne le laissez pas trop longtemps enfermé et sortez-le pour qu'il puisse faire ses besoins. Veillez à ce que la cage ne soit pas trop grande, car l'animal risquerait de s'en servir comme d'une litière.

La litière de journaux

Le chien peut mal interpréter l'utilisation de journaux comme litière dans une maison ; il risque d'en déduire qu'il est normal de faire ses besoins à l'intérieur. Apprenez donc plutôt à l'animal à se soulager au-dehors, mais, en cas d'impossibilité, utilisez le principe de la cage et sortez-en le chien pour qu'il utilise les journaux comme litière.

Anticiper

Un chien qui se met soudainement à renifler le sol exprime en général son désir de se soulager. On trouve dans tous les magasins spécialisés des produits à vaporiser à l'endroit où l'on veut voir le chien faire ses besoins.

Juste avant d'uriner, le chiot renifle le sol

Distribution de nourriture, caresses et compliments

Les félicitations immédiates

Lorsque vous sortez votre chien, concentrez son attention sur vous en lui parlant, en lui montrant ses jouets, de manière qu'il ne s'oublie pas en cours de route. Dites-lui « Presse-toi » au moment où il se soulage, puis félicitez-le de sa bonne conduite.

Créer des habitudes

Un chiot a besoin de se soulager après avoir dormi ou joué, et surtout après un repas ou un séjour dans la cage. En règle générale, un chiot de 3 mois doit pouvoir faire ses besoins toutes les trois heures.

L'éducation du maître

PUNITIONS INUTILES

Lorsqu'on éduque un chien, il faut savoir se maîtriser. Si vous le surprenez en train de s'oublier dans la maison, prononcez un « Non » ferme et conduisez l'animal à l'endroit approprié. Mais si vous arrivez trop tard, inutile de le punir : il ne comprendrait pas.

Le chien se tapit devant le maître qui le gronde

Prévenez les accidents en surveillant le chiot en permanence. Si c'est impossible, mieux vaut maintenir l'animal dans sa cage.

COMPORTEMENT RESPONSABLE

Non seulement les crottes de chien constituent un risque pour la santé des gens et des animaux, mais elles dégradent l'environnement. Veillez à les ramasser systématiquement. Pour ce faire, munissez-vous, lorsque vous circulez dans les lieux publics, d'une pelle spéciale ou d'un simple sac de plastique.

Le sac se rabat sur la poignée

Utilisez de préférence des sacs biodégradables

Le toilettage

Un toilettage régulier est nécessaire à la santé et à l'hygiène corporelle du chien. Il assied aussi votre autorité sur l'animal, car soulever le chien, lui tenir la tête et lui ouvrir la gueule sont des gestes de domination. Au début, distribuez de la nourriture pendant le toilettage, en guise de distraction ; puis, progressivement, remplacez-la par des félicitations.

USTENSILES DE TOILETTE

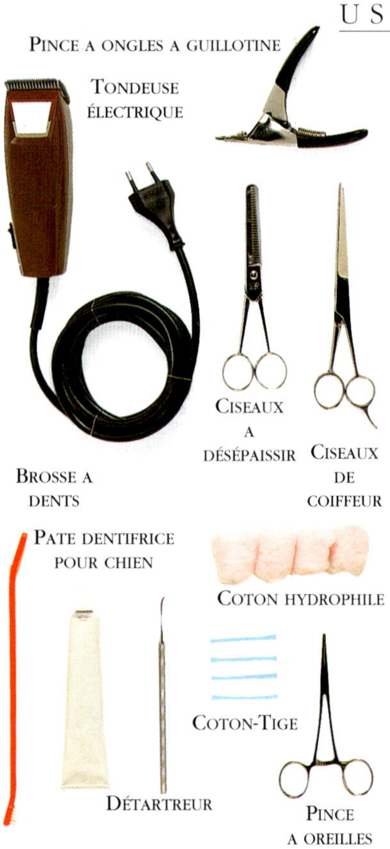

Ustensiles pour tondre et couper
Les pelages longs doivent être très fréquemment tondus ou raccourcis, les poils denses désépaissis. Habituez votre chiot dès son plus jeune âge au cliquetis des ciseaux. Les griffes, en particulier celles des petits ou des vieux chiens, réclament une attention toute particulière.

Ustensiles pour dents et oreilles
En l'absence de maladie, les dents et les oreilles du chiot sont propres. Ce n'est que plus tard qu'elles réclament certains soins. Habituez votre jeune chien à supporter toutes vos interventions.

Brosses et peignes
Les brossages réguliers entretiennent le bon état du poil et rappellent au chien que vous êtes le maître. Utilisez des ustensiles appropriés au type de poil de l'animal.

PRÉPARATIFS

Soulever un chien
Enroulez un bras tout autour de la poitrine et des membres antérieurs de l'animal, l'autre autour de son arrière-train. Posez l'animal sur la table.

Faire tenir un chien tranquille
Maintenez le chien en position debout, un doigt glissé sous son collier.

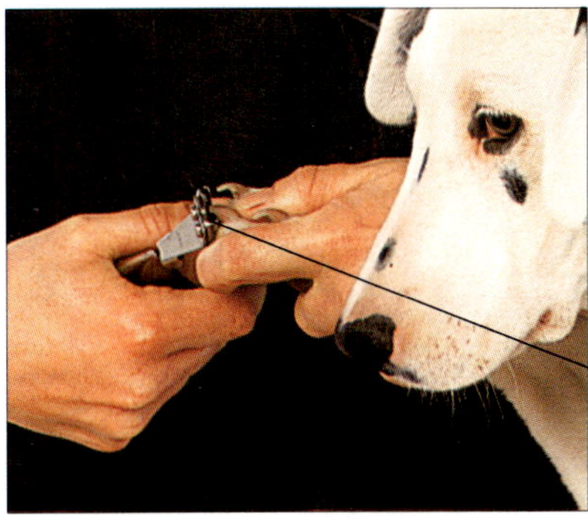

La taille des griffes

Le meilleur moment se situe après le bain du chien, lorsque ses griffes sont plus souples qu'à l'ordinaire. Veillez à ne pas blesser les tissus vivants (la zone rose située sous l'ongle). En cas de doute, consultez un vétérinaire.

L'extrémité blanche de la griffe est taillée avec une pince

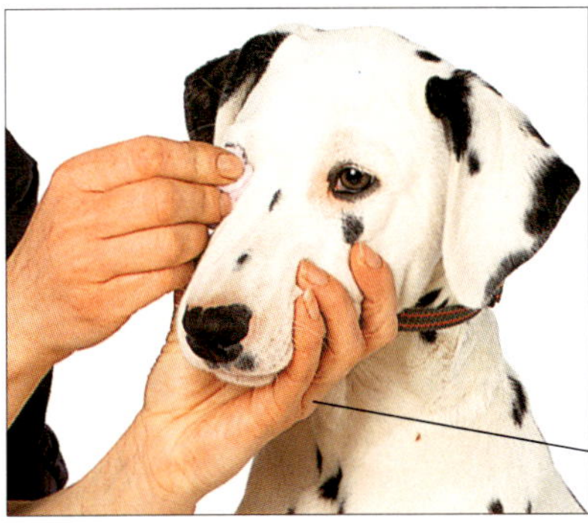

Le nettoyage des yeux

Nombre de chiens présentent au coin de l'œil des accumulations de mucus. En tenant la tête de l'animal, tamponnez ses yeux avec un coton humide – un pour chaque œil. N'entreprenez cette opération que lorsque le chien a assimilé les ordres « Assis » et « Reste » *(voir page 56)*.

Le ferme maintien de la tête constitue un acte de domination

L'examen de la bouche

Lors du dressage, usez toujours de récompenses pour que le chien se laisse ouvrir la gueule. Dents et gencives sont à vérifier une fois par semaine.

Les mâchoires sont écartées avec douceur et fermeté

Le brossage doux

Passez longuement et très fermement la brosse le long du corps de l'animal. N'omettez ni la queue ni les pattes.

Faire pivoter un chien

Faites pression du plat de la main, doigts joints, sur les muscles de la cuisse, de façon à faire pivoter l'animal.

Avec le plat de la main, on ne risque pas de faire mal au chien

Les cas particuliers

POILS LONGS

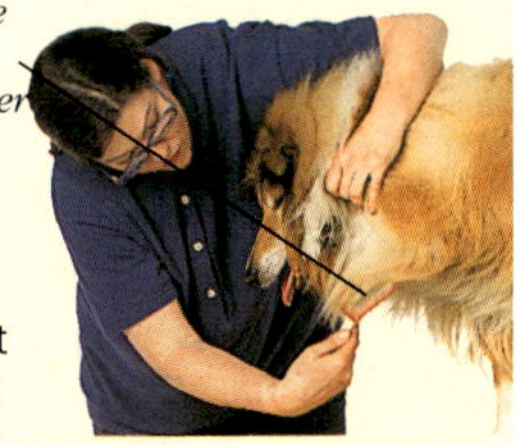

La maîtresse utilise une brosse à lustrer

Les poils longs et très épais s'emmêlent facilement sur la face interne des pattes. Lors du toilettage, brossez délicatement ces zones où la peau est particulièrement sensible.

BABINES ET GENCIVES

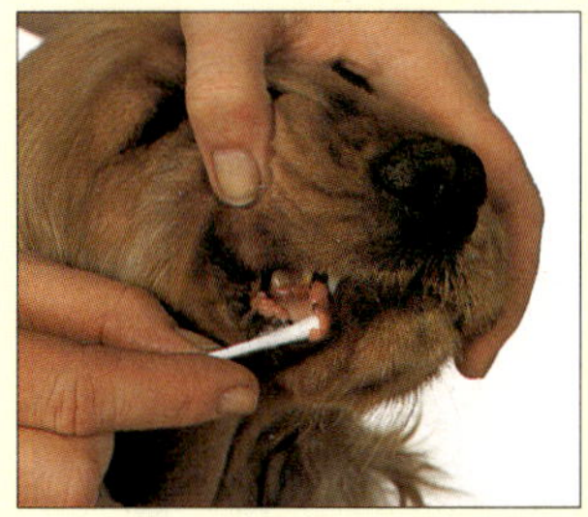

Chez certaines races, il est nécessaire de nettoyer régulièrement les replis des babines et de vérifier les gencives. Utilisez des Coton-Tige.

OREILLES POILUES

Nettoyez les oreilles du chien avec un Coton-Tige. Éliminez l'excès de poils avec les doigts ou au moyen d'une pince.

ENTRETIEN DES PATTES

La saleté s'incrustera moins entre les doigts si vous tondez ou coupez les poils.

Le rappel

Entreprenez ce type d'exercice quand votre chiot est vigilant et qu'il a faim. Divisez sa pâtée en dix portions et, au cours de la journée, incitez-le à rejoindre sa gamelle en prononçant son nom et en disant « Viens ». Ne rappelez pas le chiot pour le punir, sous peine de le voir associer le retour vers vous au déplaisir d'être réprimandé.

DRESSAGE EN INTÉRIEUR

« VIENS, POLLY »

1 Placez-vous à une courte distance du chiot, dans une pièce calme. En tenant la nourriture dans votre main, appelez le chien par son nom et, lorsqu'il se met en mouvement, ordonnez-lui : « Viens ! »

Le chiot établit le contact visuel avec son maître

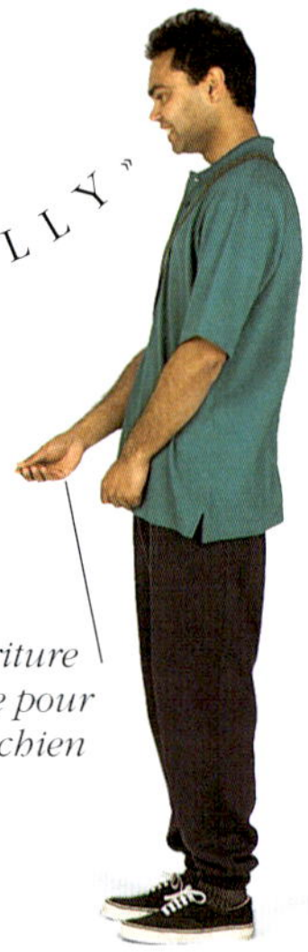

La nourriture est tendue pour attirer le chien

3 Agenouillez-vous à l'approche de l'animal, pour vous mettre à son niveau. Félicitez-le de nouveau par des mots, des caresses, de la nourriture.

« BON CHIEN »

2 Pendant que le chiot s'approche, félicitez-le d'un « Bon chien » enthousiaste. Encouragez-le en pliant les genoux et en tendant les bras.

Le fait de plier les genoux vous rapproche du chiot

La friandise est donnée dès que le chiot a exécuté l'ordre

DRESSAGE EN PLEIN AIR

1 Lorsque le chiot est parfaitement dressé à vous rejoindre dans la maison, emmenez-le dans un lieu plus animé. Retenez l'animal par une longue corde ou une laisse télescopique, afin de le contrôler, et répétez la leçon.

2 N'utilisez pas la laisse pour tirer le chiot à vous ; encouragez-le à venir chercher sa récompense. Une rapide traction sur la laisse peut attirer l'attention du chien s'il se déconcentre. De loin, un jouet est plus visible pour le chien qu'une boulette de nourriture.

La solution du problème

CHIEN SOMNOLENT

Les chiens, et surtout les chiots, ont une capacité d'attention limitée, et le dressage les épuise. La durée d'une séance doit donc être comprise entre cinq et quinze minutes. Renoncez si le chien est fatigué. Planifiez des séances de dressage avant une période d'exercice actif, de manière à préparer l'animal, physiquement et mentalement. Variez les lieux d'entraînement, afin de maintenir le chien en éveil.

CHIEN DISTRAIT

Si le chien se désintéresse d'une récompense alimentaire, diminuez le nombre de ses repas (en augmentant les portions). S'il persiste à refuser les friandises, proposez-lui un jouet qui couine.

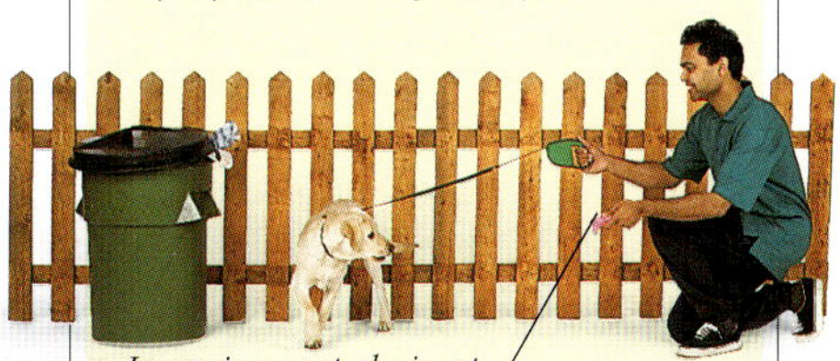

CHIEN VOLONTAIRE

Si le chiot est doté d'une forte volonté, tenez-le systématiquement en laisse lors des leçons de dressage. Vous pourrez toujours attirer son attention par une petite traction qui lui rappellera qu'il doit vous écouter et vous obéir.

Assis et Couché

À partir du moment où le chiot est habitué à venir vers vous lorsque vous l'appelez *(voir page 40)*, vous pouvez lui apprendre à s'asseoir et à se coucher. Tenez-le en laisse durant les leçons, de façon à contrôler la situation. Passé ce stade, le chiot sera capable d'exécuter pour la première fois un enchaînement d'ordres.

LE COMMANDEMENT « ASSIS »

1 Placez-vous face au chiot et reculez, la laisse dans la main gauche, une friandise dans la droite. Donnez alors à l'animal l'ordre de venir à vous en lui montrant la nourriture. Il est important, durant cet exercice, de se montrer calme et de ne pas exciter le chiot.

La friandise est placée devant l'animal

La friandise est placée au-dessus du museau

2 Une fois le chiot parvenu jusqu'à vous, placez lentement votre main droite au-dessus de sa tête. Ainsi, il adoptera tout naturellement la position assise pour continuer à surveiller la friandise. Dites « Assis » lorsque vous le voyez qui bascule sur son arrière-train.

Le chiot replie ses pattes arrière pour s'asseoir

3 Recommencez l'exercice en vous tenant à côté du chiot. Distribuez systématiquement des friandises, puis remplacez-les très progressivement par des félicitations, jusqu'à interrompre totalement les récompenses alimentaires.

LE COMMANDEMENT « COUCHÉ »

1 Le chiot étant en position assise, agenouillez-vous à sa droite en le maintenant de la main gauche par le collier. De la main droite, placez une friandise sur son museau et amorcez un mouvement descendant.

La laisse, fixée au collier, est bloquée sous les genoux

2 Déplacez la main vers l'avant : le chiot suit le mouvement. Au moment où il commence à se coucher, donnez l'ordre « Couché ».

« COUCHÉ »

Le chiot ne peut happer la gourmandise maintenue dans le poing fermé

Le chiot avance la tête vers la friandise

« BON CHIEN »

3 Poursuivez votre mouvement jusqu'à ce que le chiot soit couché. Distribuez alors caresses et récompense. Répétez fréquemment l'exercice, jusqu'à pouvoir supprimer la friandise.

La solution du problème

REFUS DE S'ASSEOIR

Si le chiot ne se couche pas en échange d'une gourmandise, agenouillez-vous et, en le tenant d'une main par le collier, faites pression sur son arrière-train en ordonnant : « Assis ! »

Les doigts sont joints pour ne pas faire mal

REFUS DE SE COUCHER

Agenouillé, le chien assis à votre gauche, placez la main droite à plat sous la patte avant droite de l'animal, la gauche sous sa patte gauche. Soulevez le chiot en posture de quête, puis allongez-le et félicitez-le.

Les mains ne serrent pas les pattes

REFUS DE RESTER COUCHÉ

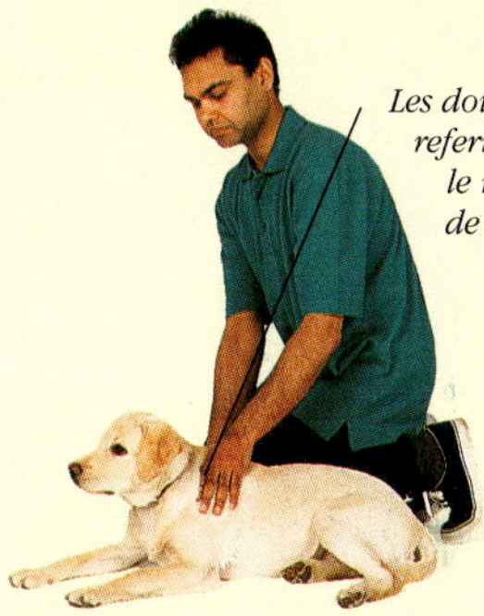

Les doigts sont refermés sur le muscle de l'épaule

Si le chiot fait mine de se relever avant la fin de la séance, exercez une légère pression sur sa nuque. Relâchez la pression après quelques secondes et dites : « Fini. »

La marche sans laisse

Il est agréable de se promener avec un chien qui marche sagement à vos côtés. Le mieux est d'entraîner souvent à cette pratique le très jeune chiot, qui apprécie tout naturellement la compagnie des humains et ne demande généralement qu'à suivre son maître. Dans la plupart des cas, on pourra débuter l'initiation en se munissant d'une friandise dont l'animal suivra l'odeur.

1 Placez le chiot à votre gauche, tenez-le par le collier avec la main gauche et prenez une friandise dans la droite. Attirez l'attention du chiot en prononçant son nom.

2 Avancez. Le chiot suit l'odeur de la nourriture. Ordonnez : « Au pied ! » La main gauche se tient prête à saisir le collier du chiot.

3 Dites « Attends » et agenouillez-vous à la droite du chiot – tenez la friandise assez bas pour que l'animal ne saute pas. Immobilisez le chiot avec votre main gauche glissée sous son ventre, paume vers le sol.

4 Genoux pliés, la nourriture tenue près du museau du chiot, pivotez vers la droite tout en répétant : « Au pied ! » L'animal est contraint d'accélérer pour vous contourner.

5 Pour pivoter vers la gauche, guidez le chiot en le tenant par le collier avec la main gauche et ordonnez : « Tranquille ! » Tenez la friandise bien en bas et déplacez la main droite vers la gauche. Le chiot devrait suivre.

La solution du problème

CHIEN DÉCONCENTRÉ

Si votre chiot se déconcentre, glissez la main gauche sous son collier et ramenez l'animal au pied.

CHIEN TURBULENT

Si le chiot n'est pas attiré par la nourriture, utilisez son jouet favori. Servez-vous d'une longe pour être sûr de vous faire obéir.

SAUTS

Pour empêcher le chiot de sauter, retenez-le par le collier et tendez une récompense au niveau du sol.

DRESSAGE ET PLAISIR

Si le chiot ne s'intéresse pas à une friandise donnée, changez-en, ou proposez un jouet couineur. Les leçons ne doivent pas excéder quelques minutes ; elles comporteront toujours un temps de jeu.

La marche en laisse

La sécurité et le bien-être de votre chiot vous incombent. Un chien ne devrait pas courir en liberté, sinon sous surveillance et dans un lieu protégé. Vous avez déjà enseigné à votre chiot à s'asseoir et à se coucher *(voir page 42)*, ainsi qu'à marcher à vos côtés sans laisse *(voir page 44)*. Vous pouvez maintenant lui apprendre à marcher correctement en laisse.

1 Commencez le dressage à l'intérieur. Laissez le chiot examiner et flairer la laisse, puis fixez-la à son collier bien ajusté *(voir page 32)*.

2 Le chiot étant à votre gauche, tenez dans la main droite la laisse et une friandise. La main gauche soutient la laisse. Donnez au chiot l'ordre de s'asseoir.

La main gauche se tient prête à glisser de la laisse au collier

Une traction brève et légère est exercée sur la laisse

3 Mettez-vous en marche du pied gauche. Le chiot marche à vos côtés ; ordonnez-lui : « Au pied ! » S'il se jette en avant, glissez la main gauche sous son collier et tirez-le doucement en arrière.

« BON CHIEN »

4 Lorsque le chiot s'immobilise au pied, félicitez-le et récompensez-le. Ordonnez-lui ensuite de s'asseoir et répétez : « Bon chien ! » Augmentez la distance parcourue au fur et à mesure des progrès de l'animal.

Le chiot reste concentré

« AU PIED »

Le chiot est contre la jambe de sa maîtresse

5 Lorsque le chiot sait marcher au pied et s'asseoir sur ordre, vous pouvez lui apprendre à pivoter à droite. Guidez-le vers la droite avec votre main gauche en ordonnant : « Au pied ! »

« TRANQUILLE »

La maîtresse tire le chiot par le collier

6 Pour le faire pivoter à gauche, pressez le pas en posant le pied devant la patte du chien afin de le ralentir. Maintenez le chien contre votre jambe gauche et dites « Sage » en même temps qu'il ralentit.

La solution du problème

LE CHIOT MORD SA LAISSE

Si le chiot tente de sauter sur vous ou de mordre sa laisse, dissuadez-le d'un « Non » réprobateur. Éloignez-vous, commandez au chiot de s'asseoir et reprenez l'exercice au début. Commencez par entraîner le chien à l'intérieur, où il sera moins distrait, après quoi vous pourrez choisir des endroits plus animés.

LE CHIOT MANQUE D'ENTHOUSIASME

Si le chiot refuse de bouger, tentez-le avec son jouet favori, sans le brusquer ni vous énerver. Encouragez-le de la voix et attendez qu'il prenne confiance en lui.

LE CHIOT TIRE SUR SA LAISSE

Chaque fois que cela se produit, faites asseoir le chiot. Ni vous ni l'animal ne devez vous déconcentrer, et vous ne devez pas crier vos ordres. Pour les chiens turbulents, utilisez un harnais.

Des jouets appropriés

Les jeunes chiens font connaissance avec leur environnement en rongeant les objets, une pratique qui peut se révéler coûteuse pour le maître. Préservez votre mobilier en lui donnant à ronger ses propres jouets, que vous choisirez inoffensifs et peu durables afin d'éviter que l'animal ne s'y attache excessivement.

DIVERS TYPES DE JOUET

Corde a boule

Balle en peau

Peau a ronger

Corde

Os en caoutchouc

Os en plastique

Jouet en caoutchouc

Indestructibles et délicieux
Ses jouets de prédilection ont pour le chien une odeur à nulle autre pareille. Vous déterminerez rapidement les préférences du vôtre. Il appréciera sans doute les balles, qu'il peut poursuivre, rattraper et rapporter, ainsi que les os à ronger. Certains jouets vous permettront de pratiquer la « traction à la corde » avec votre chien, mais il faut les réserver aux animaux calmes *(voir page 79)*. Quant aux jouets qui font du bruit, choisissez-les de bonne qualité, faute de quoi le chien risque de les détruire et d'avaler le dispositif sonore.

Os mou

Jouet a ronger

Os creux

Balle a lancer

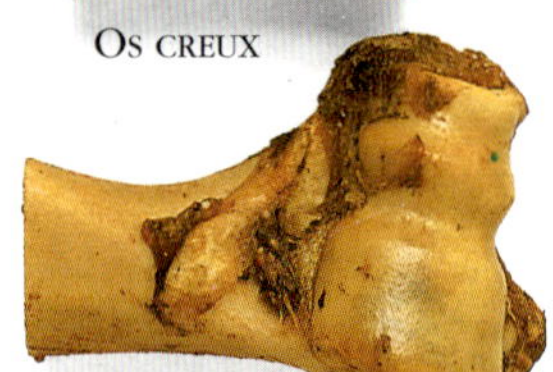
Os stérilisé

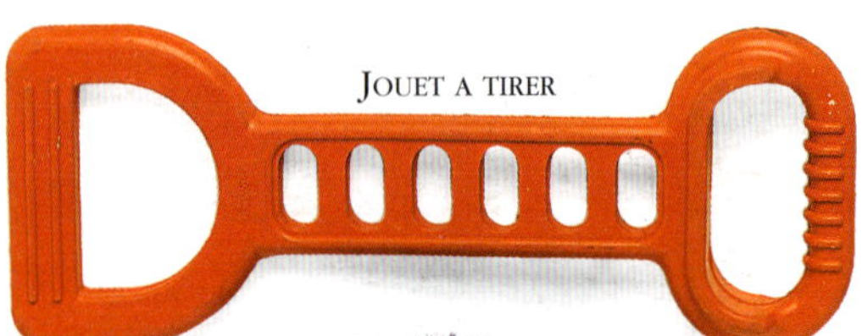
Jouet a tirer

Anneau de caoutchouc

Batonnets a ronger

Souris couineuse

Batonnets de couleur a ronger

UN JOUET ARTISANAL

1 Bourrez de fromage l'intérieur d'un os stérilisé, qui deviendra un jouet à ronger très apprécié.

Du fromage est inséré à l'intérieur de l'os

2 Le chien va s'efforcer de saisir la nourriture contenue dans l'os. Aidez-le éventuellement à atteindre le fromage enfoui.

Le chien aime se colleter avec l'os

3 Rangez le jouet en présence de l'animal. Il apprendra ainsi que les jouets appartiennent au maître et ne sont distribués qu'en des circonstances spécifiques.

Les objets endommagés

Les chaussures, neuves ou vieilles, ont la même odeur

En toute innocence, ce chien ronge les affaires personnelles de son maître. Évitez de donner à un chien des vieux vêtements ou des chaussures usagées ; en effet, l'animal ne fait pas la distinction entre neuf et vieux, et, s'il se sent autorisé à les ronger, il en fera autant avec n'importe quoi.

RAPPORTS DE FORCE

Le jouet mou résiste

Le chien plante ses griffes pour tirer

Ces deux chiens se disputent le même jouet. Les chiens se montrent volontiers possessifs ; aussi, lorsque deux chiens sont en présence, surveillez-les bien.

De nouvelles expériences

Voisins et visiteurs sont source de nouvelles expériences pour votre chiot. Si vous possédez un jardin, pratiquez-y le plus tôt possible le dressage de l'animal. Emmenez le chien dans des lieux publics afin de l'habituer à la circulation, aux piétons, à la voiture et, surtout, pour qu'il apprenne à vous obéir en toutes circonstances. N'attendez pas que des troubles de comportement se manifestent : présentez votre chiot à des personnes portant un uniforme, tel le facteur, à des enfants, à des adultes habillés différemment.

PRÉSENTATIONS

Des étrangers effrayants
Un chien peut être intimidé par un individu barbu, portant une casquette, ou d'une couleur de peau différente de celle de sa famille humaine. Favorisez donc les rencontres entre votre chien et votre entourage. Si l'animal est curieux mais calme, récompensez-le.

L'homme évite le contact visuel, intimidant pour le chien

Il offre sa main à explorer et à sentir

Un parapluie peut apparaître comme une menace

Une approche positive
Apprenez à vos enfants à approcher calmement votre chien et à lui caresser les flancs. Félicitez ou récompensez l'animal s'il est resté tranquille.

Le chien accepte la caresse légère

Les rencontres à l'extérieur
Après avoir fait connaître à votre chien des gens nouveaux dans le cadre de votre intérieur, organisez des rencontres à l'extérieur : vous préparerez ainsi l'animal à accepter les caresses d'étrangers qui en prendraient l'initiative sans votre autorisation. Demandez à vos amis de s'accroupir pour se familiariser avec le chiot, afin de ne pas l'intimider. S'il reçoit une friandise d'un de vos amis, il apprendra à accueillir favorablement les nouvelles connaissances.

Le chien ne manifeste pas d'appréhension

Être gratté sous le cou n'a rien d'intimidant

APPRENTISSAGE DU MONDE EXTÉRIEUR

La rue

Lorsque le chiot vous obéit chez vous et dans le jardin, vous pouvez le sortir en ville. Ordonnez-lui systématiquement de s'asseoir avant de traverser une rue.

Les signes de la main

Les signes de la main revêtent une importance particulière à l'extérieur, où vous devez vous faire obéir même lorsque l'animal se trouve loin de vous.

La main est levée haut afin que le signal n'échappe pas au chien

EN VOITURE

Grâce à la laisse, le maître est sûr de contrôler le chien

En voyant la friandise, le chien saute de bon gré dans la voiture

La première approche

Un coffre de voiture peut effrayer un chien, surtout s'il y a été malade lors de sa première expérience. D'abord, attirez l'animal à l'intérieur du véhicule en lui offrant une récompense. Après quoi, habituez-le au bruit du moteur. Le chien doit finir par considérer votre voiture comme une « résidence secondaire » *(voir page 108)*.

Sagesse mérite récompense

Friandise et félicitations récompenseront le chien qui ne s'agite pas en voiture et ne souffre pas de nausées. Limitez-vous, au début, à de petits déplacements, dont vous augmenterez progressivement la durée. N'omettez jamais de récompenser la bonne conduite du chien.

Le jeu entre chiens

Les chiens doivent apprendre à se comporter avec les humains, mais aussi avec leurs semblables. En séparant un chiot de 8 semaines de la portée, on l'empêche d'apprendre naturellement à se conduire vis-à-vis des autres chiens. Vous pouvez pallier cet inconvénient en inscrivant votre chiot à des cours collectifs *(voir page 122)*, où on lui enseignera le langage corporel des chiens et où il apprendra à s'en servir pour communiquer avec ses congénères. Vous limiterez ainsi le risque de conflits ultérieurs.

Le chiot examine le nouveau membre du groupe

CHAPITRE TROIS

Le dressage élaboré

Lorsque votre chien a assimilé les commandements de base, vous pouvez le dresser à marcher sagement à vos côtés, à n'aboyer qu'à bon escient, à rapporter les objets et à bien se comporter avec les enfants ou les autres animaux. Certains chiens sont toutefois moins faciles à éduquer que d'autres. Utilisez des colliers, laisses et autres harnachements appropriés à la conformation et au tempérament de l'animal. Les chiots sont évidemment plus faciles à dresser, mais l'éducation d'un chien adulte n'est pas compliquée ; simplement, elle exige plus de temps. En contrepartie, vous jouirez de la compagnie d'un animal dans lequel vous pourrez avoir parfaitement confiance en toutes circonstances.

Contrôle et contraintes

Les dispositifs permettant de maîtriser un chien lors du dressage ou dans les lieux publics doivent être appropriés à l'animal. Pour certains, il s'agira d'un collier semi-étrangleur, pour d'autres, ce sera un harnais. Par ailleurs, veillez à respecter la législation, ou le simple bon sens, en matière de muselière *(voir page 33)*.

COLLIER SEMI-ÉTRANGLEUR

1 Assurez-vous que le collier est en position correcte – la partie souple autour du cou de l'animal, la chaîne étant sur la nuque.

2 Tirez sur la laisse de bas en haut pour serrer le collier : vous maîtriserez ainsi l'animal sans le gêner. Évitez d'utiliser un collier étrangleur sur un chien à trachée fragile.

Le cuir souple entoure la région de la trachée, plus délicate

Le crochet de la laisse est attaché à l'anneau du collier

HARNAIS DE CORPS

La laisse est glissée dans le poing

Harnais de sécurité
Passez la laisse autour du torse du chien et maintenez-la au plus près du corps. Vous pourrez ainsi retenir le chien s'il voulait s'élancer en avant.

Le harnais enveloppe la poitrine

Harnais standard
Lorsque le harnais est en position correcte, le contrôle du chien s'opère par la tension exercée sur sa cage thoracique. Ce dispositif convient aux chiens à trachée fragile, tels les Yorkshire-Terriers, ou à nuque puissante, comme les Carlins.

HARNAIS DE TÊTE

1 Enfilez le harnais sur le museau du chien, en glissant la main sous la mâchoire pour maintenir la tête levée.

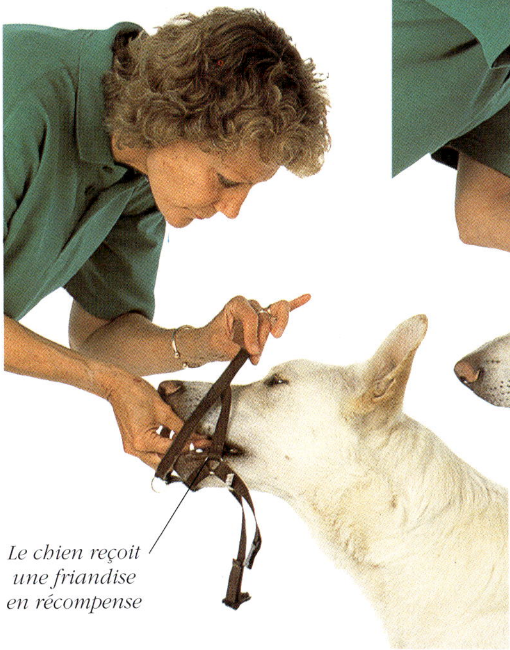

Le chien reçoit une friandise en récompense

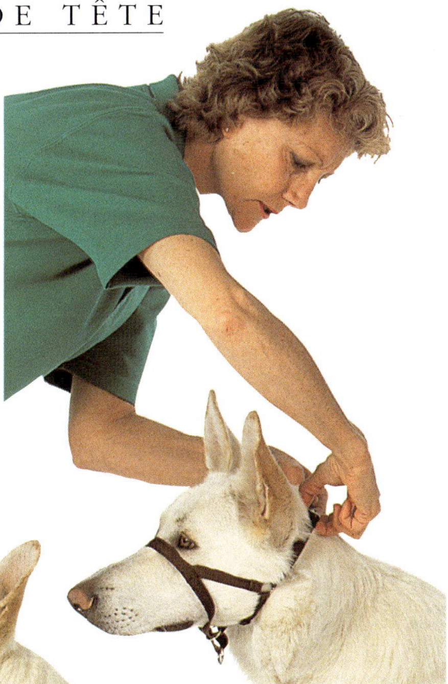

2 Bouclez le harnais sur la nuque du chien, en veillant à ne pas trop le serrer. Vous devez pouvoir glisser deux doigts sous le cuir.

3 La laisse se fixe à l'anneau situé sous la mâchoire inférieure du chien. Quand le chien tire vers l'avant, sa tête se trouve rabattue vers le bas et sa gueule se ferme.

4 En rabattant le bras le long du corps, vous ramenez le chien au pied.

Le harnais enserre le museau

La tension de la laisse ramène le chien en arrière

Museler un chien

MISE EN PLACE D'UNE MUSELIÈRE

Agenouillez-vous à côté du chien et enfilez sur son museau la muselière tenue sous sa tête.

ATTACHE D'UNE MUSELIÈRE

Une fois la muselière en place, passez les sangles derrière la nuque du chien et bouclez-les. Assurez-vous que la muselière n'est ni trop lâche ni trop serrée. Le chien doit pouvoir écarter les mâchoires et haleter librement.

Les sangles sont réglables

LA PREMIÈRE FOIS

Au début, le chien peut essayer de se débarrasser de la muselière. Ne choisissez pas ce moment pour retirer le dispositif. Distrayez le chien et n'ôtez la muselière que lorsqu'il s'est calmé. Les chiens muselés ne doivent pas être laissés longtemps sans surveillance. Non seulement une muselière évite déprédations et morsures, mais elle rappelle au chien qui est le maître.

Assis et Reste

Les ordres « Assis » et « Reste » constituent la base de l'éducation et permettent de contrôler l'animal lors des activités de plein air. Commencez le dressage au calme, à l'intérieur de la maison, en limitant les séances à un quart d'heure. Une fois que le chien répond parfaitement à la voix, vous pouvez vous contenter d'utiliser des signes de la main *(voir page 62)*.

1 Le chien étant à votre gauche, tenez sa laisse raccourcie dans la main gauche, au niveau de la taille, et une friandise dans la droite. Le chien s'assied et attend sa récompense ; ordonnez « Assis » *(voir page 42)*.

« RESTE »

2 Faites un pas en avant du pied droit, tout en maintenant la laisse tendue. Ordonnez : « Reste ! »

Le corps est tourné vers le chien

3 Sans perdre le contact visuel avec le chien, ramenez le pied gauche à hauteur du droit.

4 Tenez la laisse tendue au-dessus de la tête du chien, et tournez-vous face à lui. Soutenez son attention en maintenant la friandise très au-dessus de sa tête.

La friandise est tenue bien en vue

Le regard du chien est rivé sur la main

Les pattes sont immobiles, et le chien n'amorce aucun mouvement de saut

5 Après avoir récompensé votre chien, faites lentement le tour de l'animal – la laisse étant tenue au-dessus de sa tête. Limitez-vous à quelques ordres, de manière à ne pas perturber le chien.

6 Au bout de quelques leçons, le chien doit avoir assimilé les ordres « Assis » et « Reste ». Lâchez alors la laisse et répétez les cinq premières étapes, sans manquer de féliciter l'animal de son comportement.

7 Lorsque le chien a assimilé les deux ordres avec la laisse pendante, récompensez-le. Il est important de distribuer la récompense dès que le chien a exécuté un ordre.

8 Une fois le chien récompensé, mettez fin à la leçon en tendant les bras et en prononçant « Fini ».

Si le chien bouge

N'attendez pas d'un chien qu'il comprenne immédiatement vos ordres, alors que vous êtes en train de lui enseigner un langage totalement nouveau. S'il bouge ou ne s'assied pas en suivant du regard sa récompense potentielle, tenez-le d'une main par le collier et appuyez de l'autre sur son arrière-train.

Ici et Assis

Vous analyserez souvent avant le chien les dangers potentiels, aussi faut-il apprendre à l'animal à vous rejoindre sur commande. Le chiot recherche spontanément la sécurité de votre contact, mais l'adulte doit être dressé en ce sens. Ne perdez jamais de vue que l'éducation d'un chien doit s'accompagner d'un plaisir mutuel, et que de bons résultats ne sont envisageables que si l'homme a établi avec l'animal un rapport de confiance.

1 Le chien doit avoir bien assimilé les commandements « Reste » et « Assis » *(voir page 56)*. Votre main gauche tient la laisse, la droite une récompense. Avancez en ordonnant : « Reste ! »

2 Tournez-vous face au chien et, toujours en tenant la laisse, montrez la friandise. Prononcez le nom du chien, puis dites « Ici ».

3 Lorsque le chien vous rejoint, commandez : « Assis ! » La plupart des chiens s'asseyent naturellement pour surveiller la récompense, mais vous devez quand même énoncer le commandement.

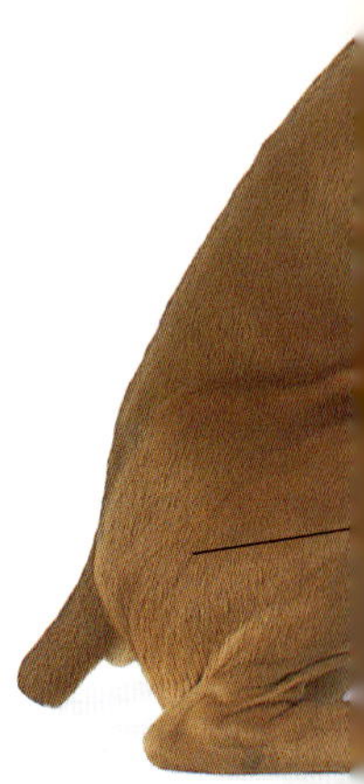

4 Lorsque l'exercice est assimilé, répétez-le en utilisant une longe. De loin, un jouet sera plus visible pour le chien qu'une friandise.

Les jouets à tirer récompensent les chiens qui aiment porter les objets à leur gueule

5 Lorsque le chien répond sans faille aux commandements « Ici » et « Assis », récompensez-le d'un jouet et félicitez-le.

Le chien est docilement assis en attendant sa récompense

6 La laisse jetée sur votre épaule, le jouet en poche, appelez le chien et ordonnez-lui alors de s'asseoir. Ce stade suit celui de l'apprentissage à la longe.

Le chien peut voir la récompense

Le chien obéit à la voix

Recommandations

SOYEZ PATIENT

Les commandements « Assis », « Reste » et « Ici » sont les plus importants, car ils vous permettent de contrôler le chien à tout moment. Les propriétaires doivent faire en sorte que leur animal ne gêne personne. Félicitez un chien qui obéit et utilisez toujours un ton positif. Lorsque l'animal n'obéit pas, reprenez les exercices à partir de la dernière étape réussie.

AMUSEZ-VOUS !

Le dressage doit être un plaisir pour vous comme pour le chien. Usez largement des récompenses au début ; bientôt, le chien viendra à vous parce qu'il aime être en votre compagnie. Achevez toujours les leçons par un jeu, qui donnera à l'animal l'envie de recommencer. Ayez des mouvements amples, que le chien apprécie.

Couché

Apprendre à un chien à se coucher à la demande peut se révéler tout particulièrement utile à l'extérieur, face à des dangers comme ceux dus à la circulation. Votre chien doit admettre que c'est vous qui dominez la situation, surtout s'il s'agit d'un individu doté d'un caractère affirmé. Un chien peut être allongé dans la position du sphinx – les pattes postérieures ramenées sous le corps – ou à plat sur le côté.

1 Le chien tenu en laisse à votre gauche, faites-le asseoir *(voir page 42)*. Agenouillez-vous et bloquez la laisse sous vos genoux. Tenez le collier du chien dans la main gauche, et une friandise dans la droite.

2 Laissez le chien flairer la nourriture enfermée dans votre poing, afin que son attention se concentre dessus. La main glissée sous le collier empêche l'animal d'avancer.

3 Déplacez votre main droite vers le bas, puis vers l'avant, entre les pattes avant du chien. Tandis que l'animal se baisse pour suivre la nourriture, ordonnez-lui : « Couché ! »

4 Dès que le chien s'allonge, donnez-lui sa récompense. A ce stade, ne vous préoccupez pas de la position adoptée par le chien.

MESURE D'URGENCE

Si vous voulez que votre chien se couche immédiatement, pliez les genoux, faites glisser sous le collier la main qui tient la laisse et tirez vers le bas, poignet et coude bloqués, en ordonnant : « Couché ! » Une fois le chien en position couchée, félicitez-le.

Commencez de préférence cet exercice dans le calme de la maison ou du jardin plutôt que dans des lieux très animés. Lorsque la leçon aura été assimilée par le chien, vous pourrez alors la répéter dans des endroits plus bruyants.

La solution du problème

RENFORCER L'ORDRE

Si le chien fait mine de se relever avant d'en avoir eu l'autorisation, glissez fermement la main le long de la laisse jusqu'au collier, de façon à exercer une pression de haut en bas. Redites « Couché » tandis que le chien s'aplatit à nouveau. Il ne doit se relever qu'après avoir entendu votre « Fini ».

CHIEN RÉCALCITRANT

Si votre chien ne se laisse pas séduire par la nourriture, changez de type de récompense ; offrez-lui, par exemple, un jouet à ronger *(voir page 43)*. On ne peut accompagner physiquement le mouvement *(voir page 43)* qu'avec les chiens qui acceptent d'être touchés. Avec un chien dominant, tenez-vous-en aux récompenses. En cas d'échec, faites appel à un professionnel.

POUR ÉVITER LES BLESSURES

Toute pression est à proscrire sur les régions des reins, de la cage thoracique, de la vessie et du foie.

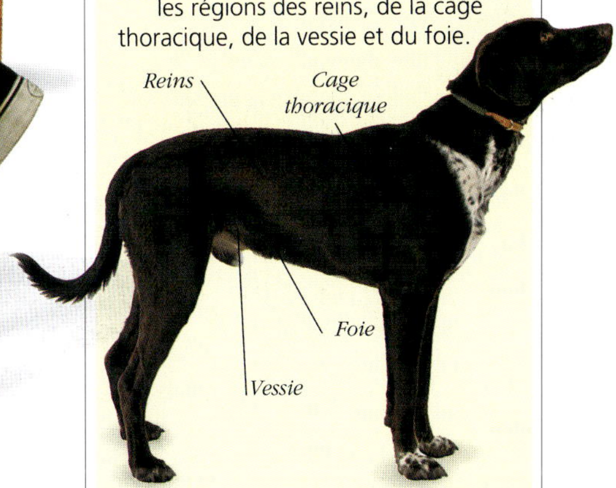

Couché et Reste

Sauter sur les gens et les poursuivre sont deux comportements naturels chez le chien ; ils peuvent toutefois se révéler désagréables, voire dangereux. On peut refréner ces impulsions en apprenant à l'animal à se coucher sur commande. On fera appel aux récompenses et aux félicitations, mais aussi aux signes de la main, visibles de loin par le chien.

1 Le chien est couché à votre gauche *(voir page 60)*. Ordonnez « Reste » *(voir page 56)*. En tenant la laisse dans la main droite, abaissez la main gauche vers le chien et éloignez-vous.

2 Maintenez le contact visuel avec le chien ; la laisse est lâche. N'offrez aucune friandise à l'animal durant cette phase de la leçon, car cela risquerait de l'inciter à vous suivre.

3 En maintenant toujours le contact visuel, faites demi-tour et, immobile, répétez : « Reste ! » Félicitez l'animal : « Bon chien ! » Augmentez progressivement la durée d'immobilité du chien jusqu'à plusieurs minutes.

4 Le chien sait rester couché en votre présence ; il lui faut à présent apprendre à le faire en votre absence. Répétez les trois premières étapes, puis quittez la pièce. Vérifiez au moyen d'un miroir que l'animal reste à sa place.

5 Rejoignez le chien quelques minutes plus tard et félicitez-le calmement, tandis qu'il est encore couché : « Bon chien ! » Ne l'excitez pas et ne le récompensez pas s'il se relève.

« BON CHIEN »

6 Libérez le chien en disant : « Fini ! » Ne manifestez pas une satisfaction excessive, excitante pour l'animal – l'excitation étant, pour le chien, une récompense qui l'inciterait à rechercher la fin de l'exercice au détriment de la leçon proprement dite.

Le chien se redresse promptement

La main ouverte libère le chien

UTILISATIONS PRATIQUES

Il est bon d'apprendre au chien à rester couché, cela y compris dans les circonstances les plus inhabituelles. On préserve ainsi la sécurité du chien et celle de son entourage, tout en s'assurant l'obéissance de l'animal.

La solution du problème

DÉSOBÉISSANCE

Si le chien fait mine de se relever tandis que vous l'observez dans le miroir, retournez dans la pièce et montrez-vous pendant qu'il est encore couché.

POUR DISTRAIRE LE CHIEN

Pour préparer le chien au dressage en milieu animé, émettez des bruits forts pendant que vous l'observez dans le miroir. Dès que l'animal fait mine de se redresser, rentrez dans la pièce en ordonnant : « Couché ! » Ne vous précipitez pas, ne criez pas, sous peine d'exciter l'animal.

Le chien est couché, parfaitement détendu

La position couchée prolongée

Le fait d'apprendre à votre chien à demeurer couché pendant un laps de temps prolongé vous permettra, entre autres, de l'emmener avec vous lorsque vous faites des emplettes, voire sur votre lieu de travail ; une fois que vous lui aurez ordonné de se coucher, vous serez assuré de le retrouver vingt minutes plus tard dans la même position. La réussite exige un entraînement patient, mais le résultat vous récompensera largement de vos efforts.

1 Faites coucher le chien à côté de votre fauteuil et ordonnez-lui « Couché, reste » *(voir page 62)*. Maintenez la laisse lâche.

2 Lorsque le chien fait mine de se lever, ramenez-le doucement en arrière par le collier en disant : « Non ! » Répétez l'ordre : « Couché, reste ! »

3 Si, quelques minutes plus tard, le chien cherche à se redresser, intervenez immédiatement. Après avoir dit « Non », répétez « Couché, reste », en maintenant l'animal.

4 Au bout d'un certain temps, le chien s'allonge plus confortablement sur le flanc. Alors que l'animal peut abandonner instantanément la position dite du sphinx *(voir page 60)*, le fait qu'il s'allonge ainsi sur le flanc signifie qu'il a accepté de rester longtemps allongé.

Des leçons importantes

CHIENS VOLONTAIRES

En dressant un chien à rester longtemps en position couchée, vous lui faites savoir que vous tenez fermement les rênes, et vous lui enseignez également le calme. Si vous avez un chien au caractère très affirmé, exigez de lui la station couchée prolongée au moins une fois par jour.

UN PLUS

Cet exercice présente l'intérêt d'éviter que le chien n'effraie les enfants, qu'il ne vole la nourriture ou ne saute sur les arrivants. Vous pouvez cependant juger ce dressage long et fastidieux, mais il fera de votre compagnon à quatre pattes un animal facile à contrôler.

5 Vingt minutes plus tard, le chien a adopté une position décontractée. Augmentez progressivement la durée des exercices, jusqu'à pouvoir compter totalement sur l'animal.

Les aboiements contrôlés

Un chien qui aboie pour prévenir est un bon signal d'alarme, à condition de comporter un « interrupteur ». Une fois que votre chien aura appris à « s'exprimer » sur commande, vous pourrez non seulement contrôler ses aboiements, mais aussi faire en sorte qu'ils ne se déclenchent que dans des circonstances spécifiques. On peut dresser un chien à aboyer sur ordre, en réponse à des signaux sonores tels que ceux d'un détecteur de fumée, ou bien à un bruit en provenance de l'extérieur. Dans un premier temps, vous récompensez l'animal par de la nourriture, puis venez-en aux félicitations.

1 Attachez la laisse du chien à un support et placez-vous à environ un mètre de l'animal. Provoquez-le en lui montrant un jouet et récompensez ses aboiements de frustration.

2 Échangez, au fil des leçons, le jouet contre une gourmandise, puis contre des félicitations, en octroyant de temps à autre une gratification alimentaire.

3 Dites « Parle » au moment où le chien aboie, puis donnez-lui le jouet en récompense. En décryptant le langage corporel du chien, vous pouvez anticiper l'aboiement *(voir page 22)*.

4 Quand le chien a assimilé le commandement « Parle », ordonnez-lui « Sage » tandis qu'il aboie. Donnez-lui le jouet dès qu'il se tait, mais soustrayez-le à sa vue si l'animal persiste, et dites « Non ».

5 Après avoir appris au chien à aboyer ou à se taire alors que vous vous trouvez proche de lui, reprenez patiemment l'entraînement au début en vous éloignant quelque peu, et ce jusqu'à ce que l'animal vous obéisse sans faille.

6 Rejoignez le chien et offrez-lui en récompense son jouet favori. Répétez l'exercice en octroyant des récompenses par intermittence, le chien étant toujours à l'attache. Détachez l'animal et poursuivez le dressage.

Variantes

AUTRE MÉTHODE

Si le chien est très porté sur la nourriture, posez une appétissante boulette sur sa truffe. Dites « Sage » à l'instant même où le chien cesse d'aboyer, puis donnez-lui la gourmandise quand il est parfaitement silencieux.

PROTECTION

La plupart des gens ne recherchent dans les aboiements d'un chien qu'un signal d'alarme. Si c'est le cas, on peut choisir de remplacer « Parle » par « Garde ». Un chien qui aboie est un bon moyen de dissuasion contre les intrus, ou, en ville, contre d'éventuels agresseurs.

Le toucher

Certains chiens sont beaucoup plus habiles que d'autres. En leur apprenant à utiliser leurs pattes, on améliore leur dextérité tout en développant un moyen de communication. Par ailleurs, il est extrêmement intéressant d'enseigner à un chien à donner la patte, dans la mesure où ce geste signifie aussi la soumission. En dressant le vôtre à exécuter cet exercice, vous renforcez votre statut de chef de meute.

1 Le chien étant à votre gauche, commandez-lui de s'asseoir. Agenouillez-vous, saisissez le collier de la main gauche et montrez la nourriture que vous avez cachée dans la droite.

Le chien se concentre sur la récompense

2 Baissez lentement la main droite et posez-la devant les pattes du chien que vous retenez par le collier pour l'empêcher de se coucher.

Le chien ne peut approcher son museau de la friandise

« LA PATTE »

4 La patte du chien repose sur votre main. Soulevez-la tout en disant : « La patte. » Donnez la friandise. Répétez l'exercice jusqu'au moment où vous pourrez supprimer la récompense alimentaire.

3 Poussez la nourriture vers le chien. Lorsqu'il soulève la patte, glissez votre main dessous, puis levez-la très légèrement. Continuez à retenir le chien.

La patte entre en contact avec la main de la maîtresse

5 Une fois que le chien n'a plus vraiment besoin de friandise pour donner la patte, faites-lui observer que vous cachez une récompense derrière une plaque de contreplaqué.

La friandise est cachée

6 Dites : « La patte », et donnez sa récompense au chien lorsqu'il touche la plaque. Cet exercice peut servir de base à divers jeux tactiles.

Excès de coups de patte

Si le chien sollicite trop souvent votre attention par des coups de patte, dites fermement « Non », et faites-le coucher. Sachez toutefois que l'animal vous fait ainsi connaître son besoin de stimulation physique et mentale.

Le ton de la maîtresse est sévère

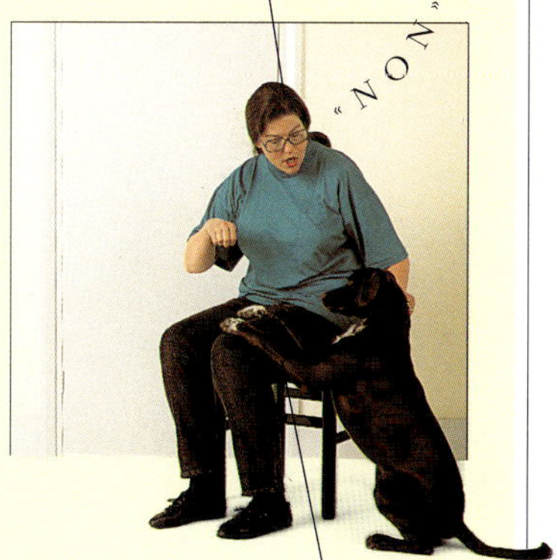

Le chien cherche à attirer l'attention par le contact

JEU TACTILE

Une fois que le chien utilise sa patte sur commande, il peut apprendre à ouvrir les portes et à pratiquer des jeux qui développent son intelligence. Ici, lorsqu'on touche le panneau, un objet à attraper est éjecté de la boîte.

Le chien aiguise ses réflexes et saisit l'objet au vol

Une pression de la patte libère le jouet

La marche au pied

Il est préférable que le chien sache s'asseoir à la demande *(voir page 56)* avant d'apprendre à marcher au pied. Commencez l'entraînement dans une pièce calme et avancez en direction de la porte. Augmentez progressivement les sujets de distraction, jusqu'à ce que le chien marche vers la porte d'entrée sans s'exciter outre mesure. Utilisez si nécessaire un harnais de tête *(voir page 55)*. Évitez la répétition excessive du commandement « Au pied ».

1 Le chien est assis à votre gauche. Tenez dans la main droite la laisse raccourcie et une récompense. Votre main gauche maintient l'autre extrémité de la laisse, près du collier.

2 Prononcez le nom du chien, dites « Au pied », puis avancez en partant du pied gauche. Maintenez le chien pour qu'il soit contre votre cuisse. Donnez-lui sa récompense quand il a effectué quelques pas au pied.

3 Quand le chien est capable de faire vingt pas, présente lui une gourmandise de façon à l'inciter à tourner à droite.

4 Descendez la main jusqu'au collier et, en partant du pied gauche, accélérez le pas en ralentissant le chien pour le faire pivoter vers la gauche.

5 En attirant toujours le chien par de la nourriture, prononcez son nom et dites « Au pied » en effectuant un tour complet.

Le chien se tient contre la cuisse de sa maîtresse

Le chien écoute l'ordre donné

Sans laisse

1 Une fois que le chien sait marcher au pied en laisse, détachez-le et répétez l'exercice. La laisse jetée sur votre épaule, présentez une friandise de la main droite.

La queue levée montre que le chien est content d'obéir

2 Le chien collé à votre jambe gauche, la friandise dans la main droite, ordonnez « Au pied » et attirez le chien vers la droite.

Le chien suit de près la friandise

3 Faites alors passer devant vous la main droite qui tient la friandise et entamez du pied gauche un mouvement de pivot vers la gauche, en ordonnant « Au pied ». Le chien est forcé de ralentir pour rester à portée de la nourriture.

La maîtresse avance plus vite que le chien

Le port des objets

Les chiens adorent rapporter les objets *(voir page 74)*, mais, avant de pouvoir pratiquer ce jeu avec vous, l'animal doit savoir tenir un objet dans sa gueule. Lors de l'entraînement, n'utilisez pas un jouet couineur, que l'animal voudrait ronger, mais plutôt un morceau de moquette roulé ou une poupée de chiffon. Félicitez l'animal de sa réussite, mais ne lui donnez surtout pas de nourriture, car il ne doit pas lâcher l'objet.

TENIR UN OBJET

1 Agenouillez-vous à côté du chien assis. Intéressez-le à l'objet. Bloquez la laisse sous vos genoux et passez le bras gauche autour de la tête de l'animal. Ouvrez-lui délicatement la gueule en disant « Bon chien ».

« TIENS »

Le pouce écarte délicatement les mâchoires

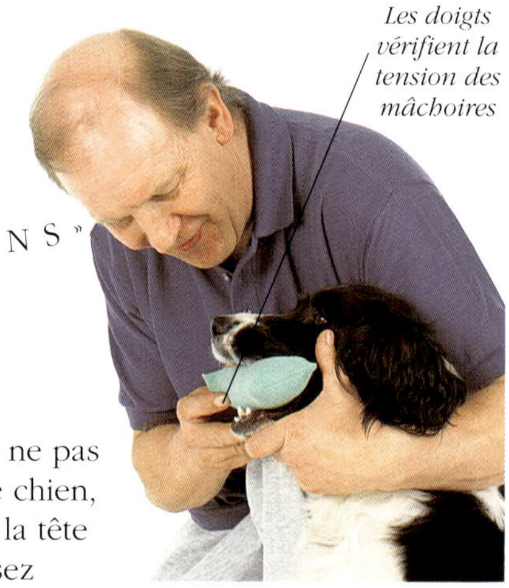

Les doigts vérifient la tension des mâchoires

2 En veillant à ne pas indisposer le chien, maintenez-lui la tête levée et glissez l'objet dans sa gueule. Commandez : « Tiens ! »

3 Le chien doit bien maintenir l'objet derrière ses crocs, la langue rétractée. Félicitez-le : « Bon chien qui tient. »

« BON CHIEN QUI TIENT »

L'objet est bien placé

RAMASSER UN OBJET

1 Vous pouvez maintenant entraîner le chien à ramasser un objet. Commencez par le solliciter en approchant l'objet de sa truffe.

2 Déplacez l'objet vers le bas. Le chien devrait être intéressé et suivre la trajectoire de l'objet. Dites : « Bon chien. »

3 Posez l'objet au sol, sans retirer votre main. Dites « Tiens » au moment où le chien avance le museau.

4 Lâchez l'objet et laissez le chien le ramasser. Répétez « Tiens » pour vous assurer qu'il ne le laisse pas tomber.

La solution du problème

OBJET REJETÉ

Si le chien tente de recracher l'objet, dites « Bah ! » et replacez-le dans sa gueule. Ne dites pas « Tiens », car le chien risquerait d'associer ce mot à une expérience qui ne l'enchante pas. Reprenez les exercices depuis le début.

LE CHIEN SE DÉTOURNE

Si le chien détourne la tête de l'objet, accompagnez le mouvement en maintenant l'objet au niveau du nez de l'animal.

DIFFICULTÉS DE PRÉHENSION

La conformation des bajoues de certains chiens, tels les Boxers, les contraint à tenir les objets en avant de leurs crocs et non en arrière.

Le rapport des objets

Dès que votre chien sait tenir et ramasser les objets, il peut apprendre à aller les chercher pour vous les rapporter. Dans le cas d'un chiot, commencez l'entraînement avec un jouet couineur et laissez-le jouer avec. Sinon, utilisez les objets des leçons précédentes *(voir page 72)*. Ces exercices stimulent le chien physiquement et mentalement.

1 Le chien étant tenu en laisse, maintenez l'animal par le collier et lancez l'objet à une courte distance.

2 Lâchez le collier et commandez : « Va chercher ! » L'animal entraîné à ramasser devrait s'élancer à la poursuite de l'objet.

3 Quand le chien a saisi l'objet, rappelez-le en disant « Ici ». Agenouillez-vous pour encourager l'animal et imprimez, si c'est nécessaire, de petites secousses à la laisse.

4 Récompensez le chien de son obéissance en lui caressant les flancs et en le félicitant. Glissez une main sous la mâchoire de l'animal pour l'empêcher de lâcher l'objet.

5 Dites « Donne » en saisissant l'objet ; dès que le chien le lâche, répétez « Bon chien ».

6 Ordonnez au chien de s'asseoir pour lui rappeler votre statut de maître. Rendez-lui l'objet en guise de récompense.

La solution du problème

RÉPUGNANCE A ALLER CHERCHER

Face à un chien qui oppose ce type de résistance, rendez le jeu plus intéressant en utilisant un jouet couineur et en courant aux côtés de l'animal en laisse jusqu'à l'endroit où vous avez lancé le jouet. Augmentez progressivement la distance à parcourir.

RÉPUGNANCE A TENIR

Un chien qui court jusqu'à l'objet mais ne sait pas quoi en faire ensuite n'a pas assimilé sa leçon. Reprenez les exercices de la page 72 en utilisant un jouet intéressant.

RÉPUGNANCE A RAPPORTER

Si le chien récupère l'objet mais ne se décide pas à vous le rapporter, reprenez les exercices de rappel de la page 58, puis recommencez cette leçon.

OBJET LÂCHÉ

Si le chien, après s'être emparé de l'objet lancé, le laisse tomber sur le chemin du retour, apprenez-lui à nouveau à tenir *(voir page 72)*, puis reprenez cette leçon en commençant par de courtes distances que vous augmenterez progressivement.

AVEC UN CHIOT

Avec un chiot, vous pouvez transformer la leçon en jeu. Laissez l'animal mâchonner le jouet sans chercher à le lui ôter. Félicitez-le lorsqu'il le laisse tomber devant vous. Les chiots transportent généralement leurs jouets dans un « endroit sûr », à partir duquel, au début, vous lancerez les objets.

Les chiens et les enfants

Il est tout aussi important d'apprendre aux enfants à faire connaissance avec un chien que d'enseigner à un chien à bien se comporter avec les petits de l'homme. Vos enfants doivent savoir que les chiens n'ont pas tous un caractère facile et ne les toucher qu'avec l'autorisation de leur maître. Apprenez-leur à ne pas se précipiter vers l'animal, à ne pas l'agacer ni crier. Attendez qu'ils aient un comportement responsable avant de leur confier la responsabilité de nourrir ou de dresser un chien.

Pas de contact visuel
Veillez à ce que le contact visuel s'établisse entre l'enfant et vous plutôt qu'entre lui et le chien. Un enfant a plus de risque de se faire mordre du fait qu'il est plus petit qu'un adulte et investi d'une moindre autorité.

L'enfant regarde la maîtresse et demande l'autorisation de caresser le chien

Les caresses
Apprenez à l'enfant à se tenir à côté et non devant le chien qu'il caresse, et à ne jamais tapoter la tête de l'animal. Félicitez le chien pour sa bonne conduite mais soyez prêt à le réprimander s'il gronde de peur ou cherche à mordre.

Le garçon caresse les flancs du chien avec des mouvements amples

Surexcitation et obéissance
Apprenez au chien à se coucher, cela même lorsqu'il assiste à une activité excitante comme un jeu de ballon. Pris par le jeu, un chien peut pincer et mordiller. Ne laissez pas le vôtre seul avec des tout-petits.

Le chien est en éveil mais détendu en présence d'enfants

Le savoir-vivre des chiens
Afin que votre chien ne soit pas tenté de chiper la nourriture d'un enfant, apprenez-lui à ne l'accepter que sur autorisation *(voir page 121)*. S'il reste sagement assis devant un enfant qui mange, récompensez-le.

Les responsabilités des adultes
Les adultes devraient être les seuls à nourrir le chien. Ne laissez pas les enfants approcher de sa nourriture.

Ce chien n'a pas peur des enfants

La présentation aux tout-petits
Ne laissez un chien nouveau venu approcher et flairer un enfant qu'en votre présence, et seulement si vous êtes sûr de ses réactions.

La sécurité d'abord
Un chien devrait être muselé en présence d'enfants en bas âge. Cette précaution est très importante s'il s'agit d'un chien de chasse ou de garde, s'il a déjà menacé ou mordu, ou s'il n'est pas dressé à obéir.

Rencontre avec un bébé

Le chien s'intéresse au bébé

Le bébé assiste au repas du chien

Autorisez le chien à flairer un bébé nouveau venu mais ne le laissez pas le toucher. Félicitez l'animal, jouez avec lui et nourrissez-le en présence du bébé. Les cris et les mouvements désordonnés de l'enfant risquent de rendre le chien nerveux.

Les jeux

Les stimulations physiques et mentales sont extrêmement profitables aux chiens, qui sont curieux et apprécient la compagnie de l'homme. Les jeux évitent au chien de s'ennuyer, canalisent sa propension naturelle au bond et réduisent ses activités destructives. En contrôlant bien les jeux, on assied son autorité sur le chien.

Le Frisbee
Un chien actif et en bonne santé appréciera de rattraper un Frisbee et de le rapporter. La dépense physique que ce jeu exige risque d'être trop importante pour les animaux âgés ou trop gros.

Les bras se tendent pour accueillir le chien

Utilisez des jouets solides, à bords arrondis

Le chien saute pour attraper la balle

Les jeux de balle
Lancer une balle à un chien pour qu'il la rattrape est un bon moyen de tester ses réactions et son obéissance. Ne lancez jamais la balle vers l'animal, mais dans la direction opposée. En effet, la balle risque de se bloquer dans la gorge du chien si celui-ci s'en saisit au vol.

Les jeux éducatifs
Proposez à votre chien des jeux élaborés spécialement pour la gent canine. De nombreux clubs canins organisent d'ailleurs des concours, auxquels votre chien et vous-même aurez plaisir à participer.

En pressant le levier, le chien éjecte la « souris volante » de la boîte

A cache-cache

Le jeu de cache-cache exerce les facultés mentales du chien et son odorat. Vous pouvez également entraîner l'animal à retrouver des objets cachés – clés, portefeuille, chaussure ou pantoufle –, à condition que ce soit uniquement sur votre ordre.

Le maître se cache derrière la porte

Le jouet est fait pour être rapporté, mâchonné ou tiré par les deux bouts

La traction à la corde

Ne proposez ce jeu que lorsque le chien sait lâcher un objet sur commande *(voir page 75)*. Utilisez toujours des objets très robustes et ne pratiquez pas ce type d'activité avec des animaux très possessifs, qui risqueraient de réagir de manière agressive.

Recommandations

DU BON USAGE DU JEU

Quand vous avez fini de jouer avec votre chien, rangez les jouets, de préférence dans un sac ou un coffre. Le chien apprendra ainsi qu'ils sont votre propriété et qu'il n'y a droit que sous votre autorité. Ils en seront d'autant plus désirables, et vous pourrez les utiliser comme des récompenses durant ou après l'entraînement. Les jouets peuvent également tenir compagnie à un chien laissé seul momentanément.

JEUX-RÉCOMPENSES

Un jeu à la fin d'une séance de dressage constitue une récompense. En revanche, évitez de faire jouer le chien avant les séances, sous peine de le fatiguer et de réduire sa faculté de concentration. Vous pouvez vous servir du jeu pour le dressage en l'émaillant des commandements « Ici », « Assis », « Reste » ou « Laisse », et l'utiliser ensuite comme récompense. Si plusieurs personnes participent au jeu, le chien recevra une récompense multiple et apprendra à cohabiter avec tous les humains.

Le jogging

Les chiens en bonne santé ont un grand besoin d'exercice. Emmenez votre chien courir avec vous. Cela lui plaira beaucoup et rendra aussi votre jogging plus agréable.

La piste

De nombreux chiens, en particulier les chiens courants, aiment flairer et suivre une piste. Vous pouvez tracer la piste en marchant dans l'herbe et déposer au bout une récompense.

Les jeux entre chiens

A condition d'en avoir pris l'habitude très tôt, la plupart des chiens aiment jouer avec leurs congénères ; les femelles le font plus volontiers que les mâles parce qu'elles sont moins préoccupées par la défense du territoire et les affirmations de dominance. Une première rencontre entre chiens devrait avoir lieu en terrain neutre. Ne tolérez pas que votre chien tire sur sa laisse, ce qui l'incite à l'agression.

La rencontre en terrain neutre
Les deux chiens doivent être tenus en laisse. Laissez-les s'examiner l'un l'autre, en surveillant les regards agressifs. Au premier signe d'agression, détournez la tête de votre animal et attirez son attention par un jouet.

La rencontre derrière une barrière
Une fois que les chiens ont été présentés, vous pouvez les laisser se rencontrer de part et d'autre d'une barrière ou devant chez vous. Récompensez le comportement calme de votre chien.

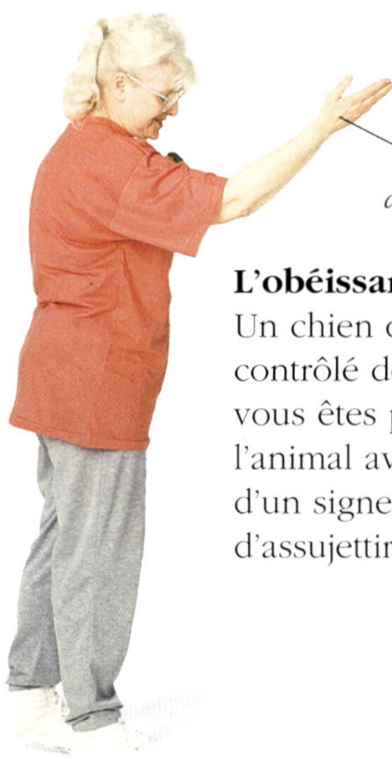

L'obéissance aux ordres
Un chien qui joue avec un autre doit être contrôlé de la voix et du geste. Lorsque vous êtes prêt à partir, faites asseoir l'animal avec un ordre assorti d'un signe de la main, afin d'assujettir sa laisse.

Chien et chat
La première rencontre doit se faire sous surveillance. Empêchez le chat de fuir, pour que le chien ne le poursuive pas.

Les conflits de propriété

Évitez les disputes entre chiens, autour d'un os par exemple, en leur donnant exactement la même chose ou en les séparant. De nombreux chiens désirent systématiquement ce qu'a l'autre – os et jouets à mâchonner constituant les principaux sujets de discorde.

Le chien est satisfait

En se dressant au-dessus de la femelle, le mâle assied son autorité

La femelle agit en animal soumis

Sexes opposés

Les chiens se battent plus volontiers entre individus de même sexe, âge ou taille. Les chiens doivent être tenus en laisse lors de leur première rencontre.

Le chien est en éveil mais ne manifeste aucune agressivité

Même sexe

La rencontre entre deux chiens de même taille et de même sexe est délicate. Ne laissez pas votre chien tirer sur sa laisse et, s'il s'en tient à une calme exploration de l'autre animal, félicitez-le.

Un nouveau chien au foyer

Les deux chiens sont tenus en laisse

Tout nouvel arrivant menace potentiellement le territoire du premier occupant. Ne laissez pas un chiot sauter sur un aîné, pour lequel l'expérience serait désagréable et provocatrice. Attendez que les deux animaux soient calmes et détendus pour organiser leur rencontre, et récompensez l'ancien de son obéissance en présence du nouveau venu. Nourrissez les deux chiens dans une même pièce, en évitant qu'ils se regardent. Chacun aura sa propre couche, son propre coin. Ne ménagez pas vos compliments à l'ancien et évitez de modifier les habitudes.

CHAPITRE QUATRE

Les mauvaises habitudes

Même le plus doux et le plus docile des chiens peut prendre des habitudes déplaisantes. Si c'est le cas de votre compagnon, il faut avant tout vous efforcer de découvrir et d'éliminer la cause de son comportement, même s'il est bien souvent plus facile de contourner le problème que de rééduquer l'animal. Les chiens qui saccagent la maison dès que l'on s'absente ne le font pas pour se venger, mais par ennui, frustration ou anxiété. Certains comportements, tels que la poursuite du bétail ou les luttes entre chiens, ne sont pas anormaux en soi, ce qui les rend difficiles à éliminer. On peut cependant en venir à bout par une rééducation lente, répétitive et cohérente. Mieux vaut, toutefois, vous adresser à un professionnel lorsqu'il s'agit d'attitudes dangereuses ou inquiétantes, comme une tendance à mordre ou à agresser les gens.

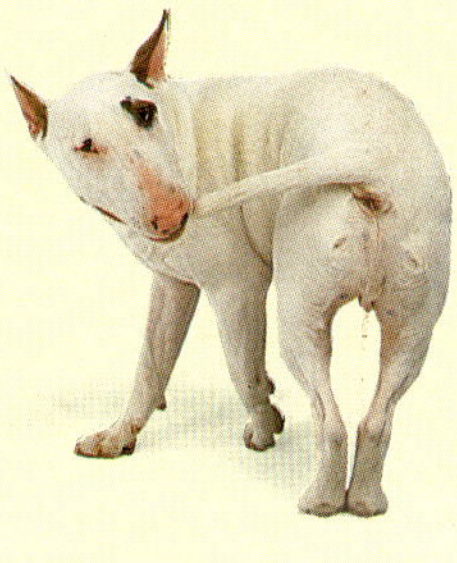

Compréhension et prévention

Si l'on veut corriger les mauvaises habitudes d'un chien, il est important de remonter à la source. Un comportement que vous jugez inadmissible peut être naturel pour l'animal. Quand un problème se manifeste, mieux vaut agir sur sa cause. Demandez-vous pourquoi vous jugez telle ou telle habitude inacceptable, et si le chien comprend que vous la considérez comme telle ; efforcez-vous de déterminer si elle peut être éliminée ou détournée vers un autre objectif, que ce soit par vos soins ou ceux d'un dresseur professionnel.

Le comportement naturel admissible
Tous les chiens rongent les os ou ce qui y ressemble. C'est leur manière d'appréhender l'environnement.

Le chien maintient fermement l'objet entre ses pattes avant

Le comportement naturel inadmissible
Il est tout naturel pour un chien de mordiller une chaussure imprégnée de l'odeur de son propriétaire, ce que l'homme juge inadmissible. Il ne faut jamais donner à son chien une vieille chaussure à ronger. Il apprendra ainsi à limiter ses mastications aux objets autorisés.

La main est perçue comme potentiellement dangereuse

Le comportement acquis
Un chien qui craint une main qui s'approche est souvent un animal qui a été frappé par le passé. Pour éviter ce mouvement de recul, ne vous servez pas de vos mains pour corriger un chien.

La satisfaction de ronger
Beaucoup de chiens adorent ronger les objets, déchiqueter les journaux ou arracher le papier peint. Il faut leur offrir des exutoires, tels que des os à ronger.

Les jouets devraient être comestibles ou indestructibles

Le chien qui a assouvi son désir de ronger est satisfait

Le comportement destructeur
Un comportement destructeur est inacceptable pour l'homme. Un chien qui dispose de trop de jouets ne fait plus la différence et s'en prend à tous les objets. Limitez donc les jouets à deux ou trois, en veillant à ce qu'ils ne ressemblent à aucun objet de la maison.

TECHNIQUES CORRECTIVES DE BASE

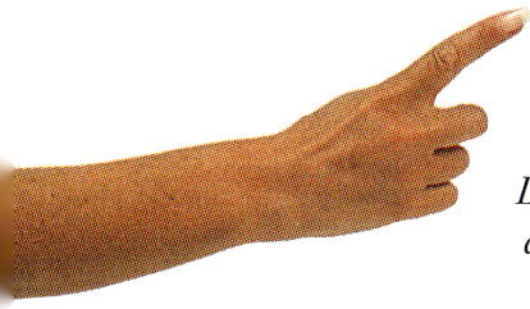

Le chien sait qu'un doigt levé signifie « Non »

La discipline

Il importe que votre chien sache bien quel type de comportement vous n'admettez pas. Réservez les punitions aux manquements graves. Adoptez un ton sévère pour réprimander l'animal.

Le produit est amer mais non toxique

Le chien trouvera à la chaussure un goût désagréable

La prévention

Il est toujours plus facile de prévenir que de guérir. Vaporisez sur les objets attirants, tels que les chaussures, un produit amer *(voir page 31)*.

La rééducation

Presque toutes les mauvaises habitudes peuvent être corrigées si vous vous en tenez au programme type suivant :

1 Veillez à ce que le chien ait fait quelque chose pour vous, comme s'asseoir ou se coucher *(voir pages 56 et 60)*, avant toute récompense ou félicitation.

2 Reprenez à la base le dressage à l'obéissance. Veillez à ce que le chien s'asseye et reste sur place sur ordre *(voir page 56)*.

3 Le chien doit demeurer sous votre contrôle en permanence. Chez vous comme au-dehors, gardez-le en laisse jusqu'à ce qu'il obéisse sans faute à vos ordres.

4 Annulez la satisfaction qu'un chien peut tirer de sa mauvaise conduite, parfois par une légère punition *(voir page 21)*.

5 Persévérez dans votre programme, en sachant qu'une mauvaise conduite ne peut être rectifiée en un jour. Cela peut vous demander des semaines d'effort.

6 Dans les cas graves, lorsque le chien, vous ou quelqu'un d'autre risquez d'être blessés, ayez recours à un dresseur professionnel.

En cage

Si le chien ronge tout ce qu'il trouve, habituez-le à demeurer en cage lorsqu'il reste seul à la maison *(voir page 34)*. N'oubliez pas alors de lui fournir des jouets qu'il pourra ronger à son aise.

Les jouets servent d'exutoire au comportement naturel du chien

L'évaluation du tempérament

Les refuges voient souvent revenir des chiens adoptés, et ce parce que les gens ont tendance à choisir un animal en fonction de son apparence, non de son tempérament. Les chiens qui ont été abandonnés sont particulièrement sujets aux problèmes de comportement liés à la séparation. Si vous pensez recueillir un animal de plus de 6 mois, quelques tests vous permettront de détecter d'éventuels problèmes de ce type. N'adoptez alors le chien que si vous pouvez consacrer le temps et la patience nécessaires à sa rééducation.

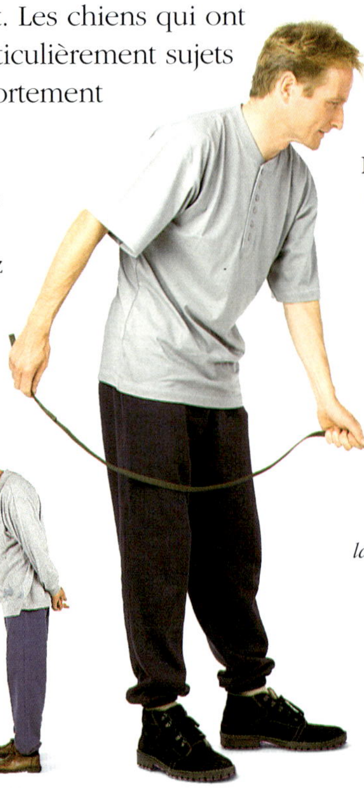

La nervosité
Le chien étant tenu en laisse par l'employé du refuge, approchez-vous et établissez un contact visuel avec lui. Le chien détendu sera content, l'animal nerveux aboiera et reculera.

Le chien est content du contact visuel qui s'établit

La peur de la main
Grattez sous le menton le chien toujours maintenu en laisse, en lui parlant doucement. Le chien qui a peur de la main reculera.

Le chien se laisse volontiers toucher

L'empressement à obéir
Après vous être emparé de la laisse, ordonnez au chien de s'asseoir. Ainsi, selon sa réaction, vous saurez s'il a ou non été dressé à l'obéissance.

La bonne volonté
Si le chien n'obéit pas, faites-le asseoir d'une pression de la main, afin de tester sa réceptivité au dressage.

L'agressivité envers les chiens
Avec l'aide de l'employé, présentez le chien à un congénère bien dressé et du même sexe. Si le chien se contente de le flairer avec curiosité, il ne devrait pas y avoir de problème avec les autres chiens.

La peur des enfants
Le chien étant souplement tenu en laisse, présentez-le à un enfant, qui doit éviter le contact visuel avec l'animal. La réaction du chien vous indiquera si la présence d'un enfant le rend nerveux.

Le chien manifeste des signes d'anxiété mais reste en place

L'anxiété de la séparation
Laissez le chien seul pendant dix minutes pour voir s'il aboie et s'il manifeste d'autres signes d'anxiété.

Tests complémentaires

RÉACTION AUX VOITURES

Vous avez l'intention de faire voyager votre chien en voiture, testez ses réactions au cours d'un trajet de cinq minutes, puis laissez-le seul pendant cinq minutes supplémentaires dans le véhicule.

Le chat se sent à l'aise en présence du chien

RÉACTION AUX CHATS

Si vous avez un chat, organisez la rencontre des deux animaux avec prudence. Pour plus de sécurité, mettez le chat dans un panier. Le chien devrait se montrer simplement curieux ; s'il se comporte de façon agressive, vous risquez de sérieux problèmes.

AUTRES SENSIBILITÉS

Certains chiens sont effrayés par les bruits forts, d'autres par ce qui est inattendu, comme un parapluie qui s'ouvre. N'hésitez pas à soumettre le chien à toutes les situations qu'il rencontrera chez vous.

La peur des étrangers
Faites examiner le chien souplement tenu en laisse par un étranger. Vous saurez ainsi si des problèmes risquent de surgir chez le vétérinaire ou lors du toilettage.

Le chien ne manifeste aucune crainte

L'instinct de possession
Retirez son assiette au chien tenu en laisse. Félicitez-le, puis rendez-lui sa nourriture. Le chien qui ne manifeste alors aucune agressivité n'est pas possessif vis-à-vis de la nourriture. Répétez l'expérience avec un jouet et un os.

Le chien est sous le contrôle de la laisse tendue

Les tractions sur la laisse

Les propriétaires de chiens se trouvent couramment confrontés au problème de l'animal qui tire sur sa laisse, que ce soit par ennui ou surexcitation, ou qu'il s'agisse de la manifestation d'un comportement dominant. Si votre chien a cette déplaisante habitude, reprenez alors le dressage à l'obéissance *(voir pages 56 à 61)*, à la marche au pied *(voir page 70)*, et suivez les conseils donnés ci-dessous.

LE PROBLÈME

C'est parfois la laisse elle-même qui incite le chien à tirer. Il est donc important de ne pas faire de cet équipement une sorte de harnais d'attelage. Efforcez-vous donc de déterminer pourquoi votre chien se jette ainsi en avant avant de tenter de corriger son comportement.

LE REMÈDE

La main exerce une seule traction, ferme mais non brutale

1 Le chien étant à votre gauche, mettez-vous en marche. Tenez la laisse à deux mains. Lorsque le chien commence à tirer, rapprochez la main gauche du collier et tirez fermement sur la laisse.

2 Une fois que le chien est au pied, ordonnez-lui de s'asseoir. Remettez-vous en marche en ordonnant « Au pied ». Recommencez chaque fois que le chien se jette en avant.

La maîtr donne u récompe

3 Dès que le chien avance au pied sans tirer sur sa laisse, donnez-lui une récompense. Augmentez progressivement la distance à parcourir, jamais la durée de la leçon.

AUTRES REMÈDES

Le changement de direction
Quand le chien tire sur sa laisse, surprenez-le en pivotant immédiatement dans la direction opposée. Félicitez l'animal s'il vous suit.

La laisse est maintenue courte

Les signaux de la main
Dites « Attends » juste au moment où le chien se jette en avant, en plaçant la main droite devant sa truffe. Maintenez fermement la laisse de la main gauche.

Pas de tension
Enroulez l'extrémité de la laisse autour de votre taille. Tenez-la d'une main souple et maintenez le chien au pied en vous servant de nourriture, d'un jouet ou simplement de la voix.

Le chien se concentre sur la friandise

La laisse-harnais
Pour la raccourcir et diminuer la tension qu'elle exerce sur le cou du chien, servez-vous de la laisse comme d'un harnais pour ramener l'animal au pied.

Autres problèmes de laisse

LAISSE RONGÉE

Pour un chien jeune ou turbulent, une laisse est un nouveau jouet, qu'il risque de ronger et de mâchonner.

Le chien ronge la laisse par jeu

LE REMÈDE

Enduisez la laisse d'une solution amère *(voir page 31)* qui la rendra détestable à ronger. C'est son goût très désagréable, et non vous, qui punira l'animal chaque fois qu'il tentera de mâchonner la lanière.

Vaporisez la laisse, non le chien

POSTURE DE SOUMISSION

Si certains chiens se couchent parce qu'ils sont intimidés d'être ramenés au pied, d'autres considèrent l'exercice comme un jeu et roulent sur le dos avec délices.

La patte se lève en signe de soumission

LE REMÈDE

Si le chien se couche, reculez et utilisez un jouet pour l'inciter à se relever.

Un jouet est offert en récompense

Le refus d'obéir à la voix

Si votre chien refuse de revenir quand vous lui en donnez l'ordre, tâchez de découvrir la raison de son comportement avant d'entamer une rééducation *(voir page 58)*. Peut-être que le lien qui s'est tissé entre l'animal et vous est resté insuffisant. A moins tout simplement qu'il ne s'ennuie, soit distrait par une opportunité sexuelle, déborde d'énergie, ait envie de fouiller les poubelles ou de jouer avec d'autres chiens. Il s'agit peut-être également d'un comportement dominant, ou de la manifestation de la crainte que l'animal éprouve vis-à-vis de vous.

Sur la piste
Les chiens ont un puissant odorat, grâce auquel ils recueillent des informations sur leur environnement. Laissez l'animal flairer le sol, appelez-le et faites-le asseoir, puis ordonnez « Ici ».

Le chien flaire le sol, en quête d'informations olfactives

Une distraction légitime
Le chien peut avoir compris votre ordre mais préférer l'ignorer, trop occupé par une investigation sexuelle. Les chiens stérilisés sont moins intéressés par le sexe que les individus entiers ; ils répondent mieux à l'appel du maître.

Les odeurs sexuelles sont puissantes

Du parfum est vaporisé sous le nez du chien

Une piste brouillée
Si le chien passe son temps à flairer le sol, vaporisez du parfum sur son nez ; cela handicapera temporairement son odorat et lui évitera d'être trop distrait.

L'ennui
Un chien qui ne vous reconnaît pas comme son supérieur et s'ennuie ignorera votre appel. Avant de poursuivre le dressage au rappel, reprenez les leçons précédentes.

Le chien s'ennuie ; il est fermé au monde extérieur

Une énergie débordante

Un jeune chien déborde souvent d'énergie. Si c'est le cas du vôtre, faites-lui prendre beaucoup d'exercice avant de le rappeler. Si vous craignez qu'il n'obéisse pas, maintenez-le attaché par une longue laisse.

L'exercice a laissé le chien pantelant

La désobéissance

Le chien peut être temporairement distrait par une chose passionnante. Commencez par prononcer son nom sur un ton enthousiaste avant de lui commander de venir.

Le chien ignore les appels de sa maîtresse

La fouille des poubelles

Le chien peut préférer la fouille des poubelles et le chapardage à vos félicitations ou récompenses. L'usage d'une longue laisse ou d'une muselière l'obligera à vous obéir.

Les chiens adorent fouiller et ronger

Le jeu

Laissez votre chien jouer avec d'autres, mais surveillez bien son comportement ; si le jeu dégénère, rappelez l'animal en disant « Ici » fermement.

Précautions supplémentaires

RECOMMANDATIONS

N'ordonnez « Ici » que si vous êtes assuré d'être obéi. Lorsque le dressage à l'intérieur est bien assimilé, poursuivez en plein air, d'abord dans des endroits calmes, puis de plus en plus animés. Utilisez une longue laisse au début, afin de ne pas avoir à saisir le chien par le collier *(voir ci-dessous)* ; en promenade, emportez toujours une récompense.

RÉCOMPENSE FINALE

Variez les aires de jeu : un chien peut se montrer docile dans un cadre donné et non dans d'autres. Montrez-vous énergique et enthousiaste pour rappeler l'animal, et ne soyez pas avare de félicitations. A la fin de l'exercice, faites asseoir le chien que vous avez rappelé, puis fixez sa laisse. Donnez-lui une récompense avant de rentrer.

PEUR DE LA LAISSE

Il ne faut jamais utiliser la laisse pour punir un chien, ni le châtier lorsqu'il revient vers vous. Ne le saisissez pas par le collier ; il pourrait penser qu'il s'agit d'un jeu et esquiver votre geste.

Le chien s'efforce d'éviter la laisse

Une docilité récompensée

Pour vous assurer de renforcer l'assimilation du commandement de rappel, saisissez le chien par le collier et donnez-lui une friandise. Si nécessaire, utilisez nourriture ou jouet pour l'inciter à revenir.

Le chien accepte la récompense avec enthousiasme

La poursuite des véhicules

A des degrés divers selon les races et les individus, la poursuite est un instinct chez le chien. Un mouvement suffit à déclencher une poursuite, et la participation d'autres chiens ne fait que renforcer ce comportement. Le réflexe de poursuite est parfaitement contrôlable, mais il ne s'élimine jamais totalement. Montrez-vous intraitable dès le départ, sous peine de mettre en danger d'autres personnes, sans compter votre chien.

LE PROBLÈME

La queue enroulée est un signe de surexcitation

Les Bull-Terriers sont des poursuivants opiniâtres

La poursuite des voitures
Cette activité est peut-être satisfaisante pour le chien, mais elle est indéniablement dangereuse, car l'animal risque de provoquer un accident.

La course avec les cyclistes
Un chien a souvent tendance à poursuivre un cycliste qui passe à sa portée. Comme le cycliste continue sa route, le chien considère qu'il a réussi à chasser l'importun.

LE REMÈDE

Le chien est aspergé alors qu'il court encore

Demandez à un ami cycliste (ou automobiliste) de passer devant le chien. Le cycliste (ou l'automobiliste) s'arrêtera brusquement dès que l'animal se lancera à sa poursuite et aspergera le chien au moyen d'un pistolet à eau en disant « Non » avec autorité.

DRESSAGE CORRECTIF

1 Cet exercice nécessite la participation d'un cycliste. Au moment où le vélo passe devant le chien, commandez « Assis » – une récompense prête dans la main. Tenez le chien en laisse ou au bout d'une longe ; il ne doit pas pouvoir s'élancer.

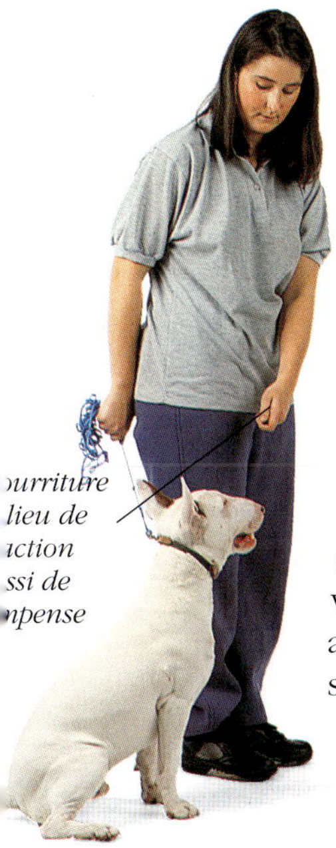

2 Si le chien est resté assis au passage du cycliste, donnez-lui la récompense. Répétez l'exercice jusqu'à ce que vous soyez assuré que le chien demeure docilement assis, même lorsque le cycliste augmente sa vitesse. Offrez alors à l'animal son jouet favori.

3 Répétez les étapes 1 et 2, en distrayant le chien par un jouet tandis que le cycliste passe plus vite encore. L'étape suivante consiste à lancer le jouet dans la direction opposée à celle du cycliste, afin que le chien le rapporte *(voir page 74)*.

Prédispositions raciales

BÂTIS POUR LA VITESSE

Les chiens qui chassent à vue sont d'excellents coureurs ; les chiens de berger ont un instinct de poursuite, de même que les Terriers, toutefois souvent courts sur pattes et incapables de courir vite.

ENDURANTS

Les races nordiques, tels les Huskies et les Spitz, sont plus lentes que les chiens courants, mais elles ont une endurance extraordinaire qui leur permet de gagner sur la distance.

LENTS MAIS SÛRS

Les chiens qui chassent au nez, comme le Saint-Hubert, et les chiens d'arrêt – pointers, setters et autres retrievers – sont moins portés que d'autres sur la poursuite.

La poursuite des animaux

Pendant des milliers d'années, les chiens ont survécu en chassant d'autres animaux. L'homme a beaucoup atténué cet instinct par reproduction sélective, mais il reste fort chez certaines races ou certains individus. La poursuite est un comportement canin naturel, qui pose néanmoins des problèmes, en particulier aux éleveurs de bétail. L'une des solutions consiste à dresser votre chien à poursuivre des objets, non des animaux. Si vous craignez de ne pas venir à bout du problème, adressez-vous à un dresseur professionnel.

POURSUITE DU BÉTAIL

A moins que votre chien n'ait grandi parmi d'autres animaux *(voir page 19)*, vous pouvez vous attendre à ce qu'il réagisse à la vue d'une proie potentielle. Ce chien fixe une chèvre, mais il est heureusement tenu en laisse. Ne lâchez jamais un chien dans une ferme sans vous être assuré qu'il ne s'en prendra pas aux autres animaux. Usez des mêmes précautions lors d'une rencontre avec un individu d'une autre espèce.

LE REMÈDE

1 Cet exercice a pour but de canaliser l'instinct de chasse du chien. Utilisez des jouets très différents pour découvrir les préférences de l'animal, puis servez-vous-en pour le taquiner.

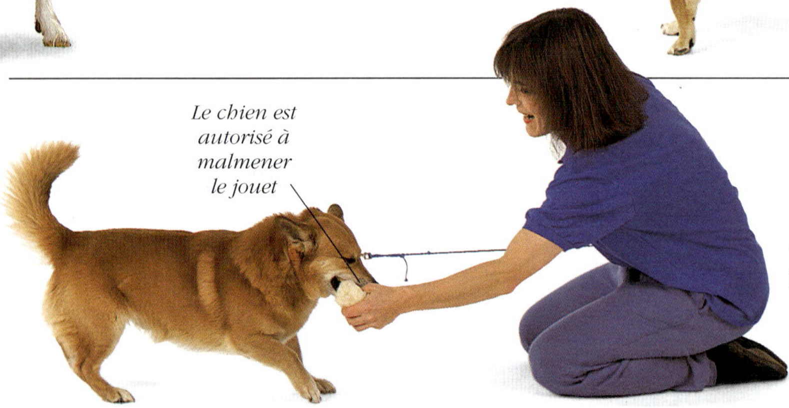

2 Le chien tenu à la longe, dans un endroit calme, lancez le jouet mais conservez-en un autre à côté de vous. Le chien va s'élancer vers le premier.

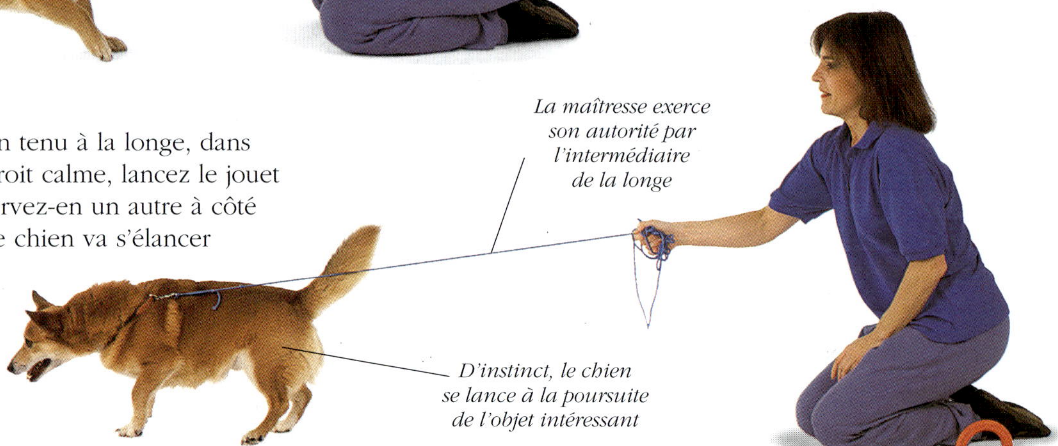

L'objet n'a pas été rapporté

« ICI, BILBO »

Un second jouet est agité pour tenter le chien

3 Avant que le chien ait atteint le jouet, rappelez-le *(voir page 58)* avec enthousiasme en agitant le second jouet pour inciter l'animal à vous rejoindre. Félicitez le chien et jouez ensuite avec lui.

La maîtresse récupère l'objet

Le chien regarde sa maîtresse ramasser le jouet

4 Allez ramasser le premier jouet, tout en maintenant le chien en laisse. Il apprendra ainsi que le jouet poursuivi vous appartient. Répétez les étapes 2 à 4 dans des endroits de plus en plus animés.

5 Lorsque le chien a appris à ne pas poursuivre un objet donné, entraînez-le à rapporter en présence du bétail. Lancez le jouet dans la direction opposée à celle des animaux et encouragez le chien à aller le chercher. Vous aurez bientôt détourné son instinct de chasse vers une activité purement ludique.

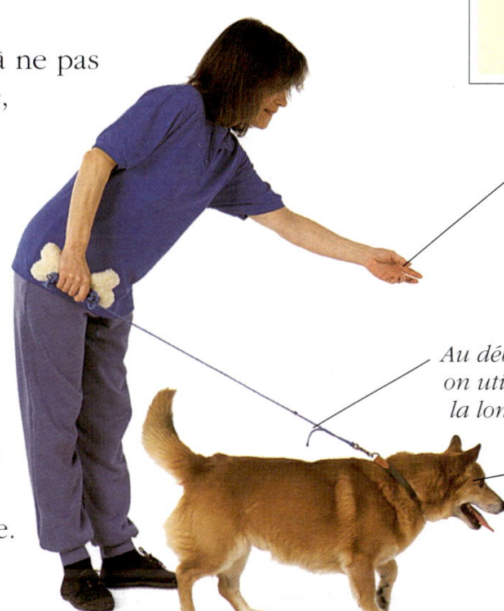

La maîtresse lance un jouet intéressant

Au début, on utilise la longe

Le chien observe la nouvelle « proie »

Le jouet a préalablement servi de récompense

Chiens et chats

BONS AMIS

Les chiens et les chats apprécient leur compagnie mutuelle s'ils y sont habitués depuis leur plus jeune âge. Si c'est possible, faites les présentations avant que le chiot ait 12 semaines et le chat 7.

Si l'un des animaux est plus âgé, laissez le premier pensionnaire flairer le nouveau venu. Surveillez les premiers contacts et empêchez le chien de poursuivre le chat.

COMPÉTITION

Un animal risque de voir dans un nouvel arrivant un rival qui va lui voler nourriture et affection. Limitez ce risque en nourrissant les deux animaux en même temps, de part et d'autre d'une porte fermée, ou le chien au sol et le chat en position surélevée. Le chien qui se sera montré simplement curieux devra être félicité et flatté. Face à un chien non agressif, le chat finira par se sentir en confiance.

L'agressivité vis-à-vis des autres chiens

L'agressivité s'exerce le plus souvent entre des chiens de même sexe. Le problème concerne principalement les mâles, et il se manifeste plus fréquemment chez certaines races. Les agressions se produisent plus volontiers lorsque le chien se trouve sur son territoire. Un comportement fondamentalement asocial est souvent lié aux hormones sexuelles ou dû au fait que le chien n'a pas fréquenté régulièrement ses pareils depuis sa jeunesse. Pour remédier à ce défaut, l'intervention d'un professionnel peut être nécessaire. Ce type de comportement ne se manifeste généralement pas chez les chiens stérilisés très tôt.

SIGNES D'AGRESSIVITÉ

Le défi
La lutte pour la dominance comporte des rituels. En général, une attitude très agressive et des grondements précèdent le combat proprement dit, qui n'a lieu que si aucun des deux chiens ne recule. Une fois la bagarre déclenchée, un chien risque de mordre quiconque se mêle d'intervenir.

Des aboiements répétés sont des manœuvres d'intimidation qui précèdent l'attaque

Le contact visuel
Vous devez intervenir dès que le contact visuel s'établit entre votre chien et un adversaire potentiel. Une queue qui se dresse, une intense concentration indiquent qu'il y a risque de bataille.

Entre le chien et vous
Certains chiens défendent très agressivement leur maître. Le fait de s'interposer entre l'autre chien et vous et de tirer sur sa laisse augmente l'agressivité de votre animal, qui finit par associer l'agression au fait de tirer sur sa laisse, alors qu'il resterait calme s'il était détaché.

Tirer sur la laisse rend le chien plus agressif

Le syndrome de la laisse courte
Lorsque votre chien manifeste un comportement agressif, le fait de raccourcir sa laisse au maximum ne fait qu'envenimer la situation. En tirant le chien en arrière, on renforce sa volonté d'agression. Détournez plutôt la tête de l'animal afin qu'il ne puisse rencontrer le regard de l'autre chien.

LE REMÈDE

1 Dans un endroit calme, entraînez le chien au rappel *(voir page 58)*. Utilisez une longe ou une laisse télescopique pour faire revenir l'animal vers un jouet qu'il aime.

La balle est un jouet tentant

Durant la rééducation, la longe permet de s'assurer du retour du chien

2 Une fois que le chien a réappris à venir vers vous, répétez l'exercice en plein air, tandis qu'un autre chien passe au loin. Si votre compagnon ne se montre pas agressif envers l'autre animal, récompensez-le. Diminuez chaque jour la distance séparant les deux chiens.

Dans un premier temps, l'autre chien reste à distance

Durant l'entraînement, le chien est tenu par une laisse télescopique

PRÉVENTION

Le chien se concentre sur la récompense potentielle

Détourner l'attention
Face à une situation de conflit potentiel, détournez l'attention de votre chien vers l'un de ses jouets favoris et commandez-lui alors de s'asseoir. . Récompensez toujours sa docilité.

Prévoir les problèmes
Habituez votre chien à porter une muselière *(voir pages 33 et 55)*. Ce dispositif évite les morsures et diminue l'instinct de domination.

Agressivité et sexe

Les testicules ont été retirés par une petite incision pratiquée à l'avant du scrotum

Deux testicules normalement descendus chez un chien entier

CASTRATION DES MÂLES

Si la stérilisation des chiennes est considérée comme un bon moyen de contrôler leur reproduction et leur comportement, certains propriétaires acceptent moins volontiers de castrer les mâles. Sur le seul plan chirurgical, la castration est cependant une intervention mineure.

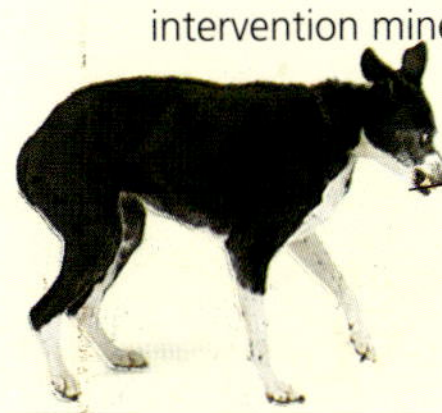

La chienne montre les dents de manière agressive

AGRESSIVITÉ MATERNELLE

L'afflux d'hormones femelles augmente l'agressivité chez certaines chiennes. Deux fois par an, pendant leurs chaleurs, certaines chiennes deviennent irritables, possessives vis-à-vis de leurs jouets et de leurs os, très protectrices envers leur progéniture. La stérilisation diminue cette forme d'agressivité.

PROBLÈMES SIMILAIRES

Des chiens égaux se battent plus facilement que s'ils sont de taille, d'âge ou de sexe différents. Chez certaines races, tels les Dobermans, les égaux s'agressent plus facilement que chez d'autres.

L'agressivité vis-à-vis de l'homme

La plupart des chiens se considèrent très volontiers comme de simples membres de la meute et obéissent sans difficulté à tous les représentants de la famille humaine. Toutefois, certains propriétaires poussent involontairement leurs chiens à se conduire comme des chefs de la meute, en les laissant passer la porte ou en les nourrissant les premiers, en satisfaisant leurs besoins de tout ordre avant ceux des autres. L'agressivité devient alors pour eux le moyen de maintenir ce statut, et vous devrez peut-être avoir recours aux services d'un professionnel pour corriger leur comportement.

AGRESSIVITÉ DE DOMINANCE

Ce chien défie une personne qui s'approche. Il s'agit ici d'un comportement de dominance, alors que d'autres chiens pourraient réagir ainsi par peur *(voir page 100)*. Le remède doit donc être différent dans l'un et l'autre cas.

LE REMÈDE

Pas de luxe
Veillez à ce que le chien dominant demeure attaché à l'intérieur de la maison et ordonnez-lui de descendre chaque fois qu'il veut s'installer sur le canapé.

Pas de risques
Une muselière ou un harnais de tête *(voir page 33)* tiendront la gueule du chien fermée et supprimeront les risques de morsure ; en soumettant le chien, ils l'inciteront à la docilité.

L'absence de réaction
Ignorez le chien : il devra accomplir quelque chose pour vous s'il veut regagner votre attention. Attendez qu'il ait fini de quémander, après quoi ordonnez-lui de s'asseoir et caressez-le. Le chien comprendra vite qu'il est sous votre autorité.

Des toilettages fréquents
Un chien dominant sera toiletté tous les jours, gueule fermée *(voir page ci-contre)*, et attaché à une corde. Pendant trois semaines, instituez chaque jour deux longues séances de station couchée *(voir page 64)*.

Le dernier à manger
Dans une meute de loups, le chef mange avant les autres. Préparez donc la nourriture du chien, mais ne la lui donnez qu'après avoir achevé votre propre repas. Pendant la durée de la rééducation, n'accordez au chien aucune friandise entre les repas.

Le dernier à sortir
Ne laissez pas le chien se précipiter pour sortir avant vous. Vous êtes le chef de la meute, il vous revient de passer devant. Le chien doit se régler sur vous.

Autorité renforcée

EN TERRAIN DÉCOUVERT

Un chien agressif par dominance doit rester à l'attache même lorsqu'il est couché. Installez sa couche dans un endroit dégagé, qui ne puisse évoquer en rien une tanière – la confiance en soi du chien dominant s'en trouverait raffermie.

EXERCICES DE RAPPORT
Multipliez les exercices consistant à ramasser et à rapporter des objets ; ils contribuent à faire comprendre au chien que vous êtes le maître. Veillez à ce que l'animal soit attaché par une corde.

INTERVENTION MÉDICALE
L'agressivité liée à la dominance est un problème sérieux ; votre vétérinaire vous suggérera peut-être de pratiquer la rééducation de l'animal sous traitement médical.

ANXIOLYTIQUES

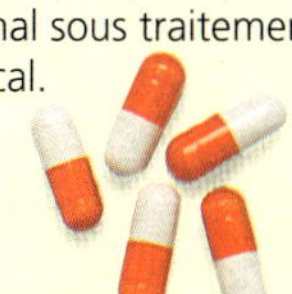
TRANQUILLISANTS

ANTICONVULSIFS

HORMONES

Les morsures par peur

Si le claquement de mâchoires d'un chien qui a peur peut ressembler à celui d'un animal dominant *(voir page 98)*, le remède à apporter au mal est différent. Un chien qui mord par peur se cache plus volontiers qu'un animal agressif derrière les jambes de son maître. Ce comportement est dû à une socialisation inadéquate chez certains individus, mais il peut être d'ordre génétique chez des races comme le Berger Allemand. Dans les deux cas, la rééducation doit être lente et prudente ; elle exige souvent l'assistance d'un professionnel.

AGRESSIVITÉ PAR PEUR

Le chien montre les dents et couche les oreilles

Le chien qui mord par peur émet souvent des messages contradictoires : ainsi, il peut se cacher derrière son maître, la queue entre les pattes, puis se lancer en avant de manière provocatrice. Les chiens qui présentent ce type de troubles du comportement manquent souvent de confiance en eux. Le fait d'affirmer votre autorité durant le dressage – comme avec un chien dominant – aggrave encore ce manque d'assurance.

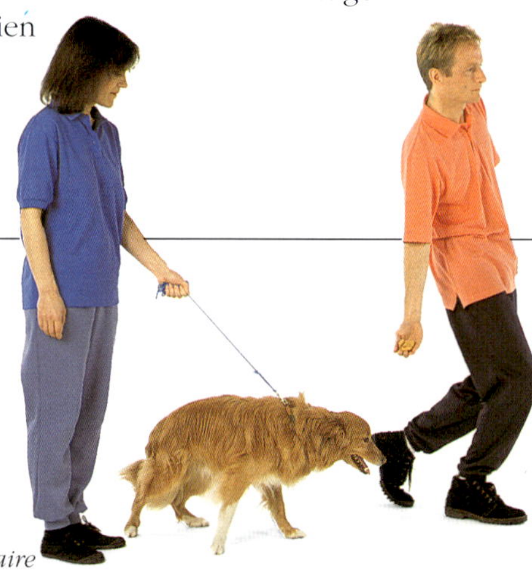

LE REMÈDE

1 Faites-vous assister par un ami ou un dresseur. Le chien, retenu par une longue laisse, ne doit pas avoir été nourri au préalable. Votre partenaire, qui tient une friandise, s'éloigne.

2 Laissez le chien avancer vers lui et prendre la friandise dans sa main ouverte. Votre collaborateur, agenouillé et tournant le dos au chien, ne doit ni lui parler ni le regarder.

Votre partenaire regarde droit devant lui

3 Répétez plusieurs fois les étapes 1 et 2. Recommencez, mais, cette fois, votre partenaire se tourne légèrement vers le chien, sans toutefois que les regards de l'homme et de l'animal se croisent.

Le corps est tourné vers le chien

4 N'abordez cette étape que lorsque l'exercice précédent a été réussi, pendant plusieurs jours d'affilée. Votre assistant s'agenouille désormais face au chien. Répétez les étapes 1 et 2.

Le regard, intimidant pour le chien, est toujours détourné

La peur

PHOBIE CANINE

Un chien peut avoir peur de ses congénères parce qu'il ne les a pas côtoyés assez tôt, que ses maîtres le surprotègent, ou encore parce qu'il a été précédemment effrayé ou mordu.

LE REMÈDE

Allez vous promener avec le propriétaire d'un chien placide. Déterminez la distance minimale à laquelle votre animal n'est pas effrayé par la présence de l'autre chien. Dispensez friandises et affection quand l'animal se montre décontracté. Réduisez de jour en jour la distance séparant les deux chiens, jusqu'à ce qu'ils puissent marcher côte à côte. Ce type de rééducation nécessite trois à six semaines.

Une friandise est offerte au chien

5 Faites avancer le chien vers votre partenaire immobile ; celui-ci évite le regard de l'animal tout en lui tendant la friandise, puis recule. Si le chien manifeste alors de la crainte, revenez à l'étape précédente.

6 Avancez vers votre partenaire, et, juste au moment où le chien saisit la friandise, prodiguez-lui félicitations et caresses. Votre assistant doit continuer à éviter le regard du chien mais peut converser calmement avec vous. Il vous faudra très probablement plusieurs semaines avant de pouvoir atteindre ce stade.

Le chien est confiant : il accepte la nourriture alors qu'on le touche

Le chien accepte d'être caressé sur les flancs

7 A présent, votre partenaire peut caresser le chien en lui offrant la friandise. Après avoir répété maintes fois l'exercice, opérez un changement subtil : votre assistant, en évitant toujours le contact visuel, caresse le chien avant de lui offrir la friandise.

La possessivité

Les chiens dominants se montrent volontiers très possessifs. Dans la mesure où ils se perçoivent comme des chefs de meute, ils ont alors bien davantage tendance à défendre âprement leurs jouets, leur écuelle, leurs lieux de repos. Certaines races, comme les Terriers, sont plus prédisposées à ce trouble du comportement. Évitez les affrontements avec un chien possessif en ne lui donnant pas de jouets et en lui interdisant votre canapé. Mesurez toutes vos démonstrations d'affection à l'animal, réapprenez-lui les commandements de base et maintenez-le en laisse.

DÉFENSE DE LA NOURRITURE

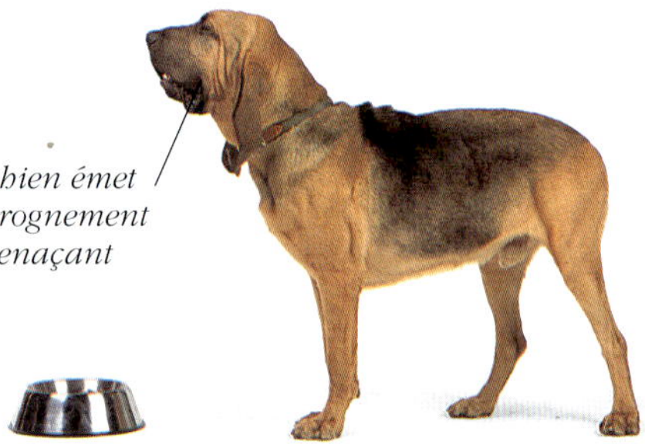

Le chien émet un grognement menaçant

Ce chien dominant et possessif grogne si l'on s'approche de son écuelle. Il se considère comme un vrai chef de meute et trouve donc tout naturel de protéger ses biens. Ce comportement peut se manifester chez les femelles comme chez les mâles. Si le grognement du chien vous fait reculer, l'animal en déduira qu'il est le plus fort, ce qui l'encouragera à grogner plus fréquemment.

LE REMÈDE

1 Pour cet exercice, le chien sera attaché par une longue laisse, tenue par un ami ou un membre de la famille. Ne nourrissez pas l'animal avant la leçon. Présentez-lui un récipient contenant un aliment insipide, tel que du riz, au lieu de sa pâtée habituelle. Laissez le chien flairer la nourriture.

L'écuelle ne contient que du riz

2 Sous le regard du chien, ajoutez une petite quantité d'un aliment savoureux. Répétez l'exercice chaque fois que vous nourrissez le chien ; après plusieurs jours, l'animal sera content de vous voir approcher de son écuelle.

Le chien regarde sa maîtresse ajouter de la nourriture

De la nourriture savoureuse est ajoutée

DÉFENSE DU MOBILIER

Les chiens dominants choisissent un lieu de repos. Ce chien a opté pour un fauteuil, qu'il garde très jalousement ainsi qu'un jouet. Surtout, n'essayez jamais de tirer par le collier un chien dominant, qui risquerait de vous mordre.

LE REMÈDE

Attachez votre chien en permanence ; cela le maintiendra sous votre autorité. Incitez-le à descendre du fauteuil en commandant « Descends » et en lui offrant une friandise. Au début, une petite traction sur la laisse sera peut-être nécessaire.

La défense de la famille

POSSESSIVITÉ ENVERS LE MAÎTRE

Les chiens apportent une sécurité appréciable à l'homme, mais certains se montrent extrêmement possessifs envers leur maître – surtout si celui-ci est du sexe opposé.

LE REMÈDE

Si votre chien devient trop possessif, maintenez-le en laisse afin de pouvoir le contrôler lorsqu'un visiteur se présente. Préparez une friandise dans l'entrée. Lorsque le visiteur entrera, il prendra la friandise, puis, en évitant le regard de l'animal que vous aurez fait préalablement asseoir, il s'agenouillera et lui offrira la friandise.

DÉFENSE DES JOUETS

Certains chiens défendent obstinément leurs jouets. Évitez systématiquement les jeux de lutte à la corde, car ces animaux jouent vraiment pour gagner.

LE REMÈDE

1 Tenez une friandise dans une main et un jouet dans l'autre, puis incitez le chien à s'emparer du jouet.

2 Commandez : « Donne ! » Lorsque le chien lâche le jouet, félicitez-le, puis récompensez-le avec la friandise. Répétez immédiatement l'exercice.

Les rivalités entre chiens

Comme les hommes, les chiens éprouvent des émotions. C'est entre individus de même sexe, taille, âge ou tempérament que se manifestent le plus souvent jalousie et rivalité. Le conflit peut porter sur un os, un lieu de repos ou l'attention du maître. Si une écuelle d'eau est susceptible d'être partagée, couche et pâtée ne le peuvent pas, chaque chien devant avoir les siennes. Chez certaines races dominantes, telles que les Dobermans, les rivalités entre individus d'une même portée sont fréquentes et peuvent exiger qu'un mâle sur deux soit stérilisé.

RIVALITÉS ENTRE FRÈRES

Les disputes autour des os

Les os sont les objets les plus disputés par les membres d'une portée. Vous supprimerez le problème en ne distribuant pas d'os ou en les disposant dans des pièces séparées. Quel que soit le nombre d'os, il y en aura toujours un à se disputer.

Le chien grogne parce qu'il veut l'os qu'a l'autre chien

Les deux chiens mangent sans se regarder

Pas de contact visuel

Diminuez les risques de conflit en nourrissant vos chiens ensemble, mais sans qu'ils puissent se voir. Donnez-leur une récompense s'ils ont mangé calmement.

Des récompenses simultanées

Si vous avez affaire à des chiens dotés de personnalités semblables, parmi lesquels on ne distingue pas de dominant, donnez l'ordre « Assis » aux deux et récompensez-les en même temps. Ils apprendront à obéir en présence l'un de l'autre.

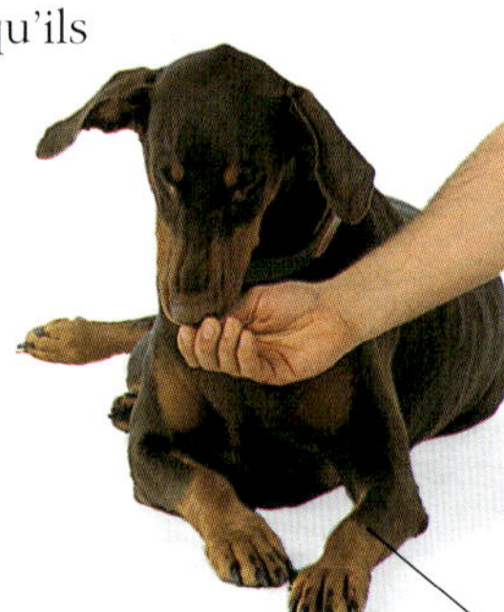

Des récompenses simultanées évitent les conflits entre chiens égaux

Le chien dominant est salué et récompensé en premier

Le chien hiérarchiquement inférieur attend son tour

Priorité au chien dominant

La démocratie n'existe pas dans l'univers canin. Si vous détectez une hiérarchie entre deux chiens, vous devez en tenir compte, par exemple en saluant en premier le chien dominant, qui n'aura donc pas besoin d'affirmer son autorité.

JALOUSIE

L'arrivée d'un chiot

Si la plupart des chiens finissent par apprécier la présence d'un nouveau compagnon, ils éprouvent parfois de la jalousie au début de la cohabitation. En dérogeant le moins possible aux habitudes, on limite les risques de jalousie. Accordez beaucoup d'attention au premier occupant en présence du nouveau venu, de façon qu'il associe cette arrivée à des activités plaisantes.

Le chien âgé bénéficie le premier de l'attention de sa maîtresse

Le chiot est ignoré

Le chien n'obtient aucune réaction de sa maîtresse

Le désintérêt

En l'absence du chiot nouveau venu, ignorez le premier occupant des lieux, qui apprendra ainsi à associer la présence du petit à un supplément d'attention de votre part.

Un plaisir commun

Nourrissez toujours ensemble l'ancien et le nouveau chien, en veillant à ce qu'ils ne se regardent pas. Donnez le même nombre de repas au chien plus âgé qu'au jeune, en diminuant les portions.

Une barrière empêche le chiot de passer

Quelque répit

Les chiots peuvent être vraiment délicieux mais également exaspérants. Le premier occupant risque de se fatiguer d'être constamment sollicité par le nouveau venu. Une barrière permettra à l'adulte d'échapper aux taquineries du chiot.

Propriété privée

Tous les chiens ont besoin de disposer d'un territoire privé où se retirer lorsqu'ils sont fatigués et éprouvent le désir d'être seuls. Offrez à chaque chien une couche personnelle – confortable, propre et lavable – qui sera interdite à tout autre, sous peine de conflits.

Le chien installé sur sa couche est satisfait

Les problèmes liés à la sexualité

Il est tout naturel que le chien manifeste sa sexualité, mais son comportement peut parfois être gênant pour l'homme. Les inconvénients liés à la sexualité, tels que le marquage du territoire par de l'urine, les fugues, la défense du territoire, les batailles et la surprotection, concernent surtout les mâles et sont relativement faciles à contrôler chez les individus castrés. Le fait d'accoupler un chien pour qu'il en fasse l'expérience ne fait qu'encourager les débordements sexuels ultérieurs. La stérilisation a généralement peu d'effet sur les femelles, sinon qu'elle peut renforcer le comportement dominant de certaines chiennes. Il est possible de contrôler l'activité sexuelle normale de son chien par un dressage bien compris.

Le chien enserre la jambe de sa maîtresse

PULSIONS SEXUELLES

Les chiennes ne se laissent couvrir par les mâles que pendant leurs chaleurs. Les mâles frustrés essaient fréquemment de chevaucher la jambe de leur propriétaire. Ce comportement, que l'on constate aussi parfois chez les chiennes, est sans danger mais gênant. Il se manifeste le plus souvent avant la puberté du chiot. Si vous l'autorisez, il sera difficile à éliminer chez le chien adulte.

LE REMÈDE

Le chien aux manifestations sexuelles exubérantes doit être tenu en laisse

1 Dites « Non » chaque fois que le chien tente de chevaucher le bras ou la jambe de quelqu'un, et isolez l'animal pendant une minute. Un chien sexuellement excité considère tout contact physique comme gratifiant ; aussi, évitez de le toucher.

2 La mise à l'écart revêt une signification symbolique et doit être courte. Autorisez le chien à rejoindre le groupe au bout d'une minute, mais désintéressez-vous de lui.

Le chien est ignoré par sa maîtresse

3 Après avoir ignoré le chien pendant quelques minutes, faites-le asseoir, récompensez-le et faites-le jouer. Le fait qu'il ait tenté de vous chevaucher indique un besoin de dépense physique et de stimulation mentale. Veillez à ce que le chien prenne suffisamment d'exercice.

Un jouet à tirer constitue une bonne diversion

OBJETS-EXUTOIRES

Le chien enserre le tapis et effectue des mouvements du bassin

Un chien en état de frustration sexuelle peut tenter de monter jouets en peluche, coussins ou carpettes poilues. Il s'agit là d'un comportement normal, mais dommageable pour les objets et pouvant choquer certaines personnes.

LE REMÈDE

Le jet d'eau inattendu détourne l'attention du chien

Commandez « Descends » au chien qui s'excite sur un tapis, et aspergez-le avec un pistolet à eau. La plupart des chiens seront déconcertés par ce traitement. Vous retiendrez de l'expérience que votre chien s'ennuie, souffre de frustration, et augmenterez en conséquence ses activités physiques et mentales.

PRIVAUTÉS

Certains chiens s'excitent sur la jambe d'un visiteur pour attirer l'attention, d'autres s'y essaient dans la mesure où il leur est interdit de le faire sur les membres de la famille.

Le chien halète d'excitation

LE REMÈDE

Tirez le chien en arrière par sa laisse et enfermez-le dans une autre pièce jusqu'au départ du visiteur. Vous pouvez également répéter la séquence isolement, désintérêt et ordre. Pour éviter d'être embarrassé, maintenez le chien dans une autre pièce quand vous attendez des visiteurs ou attachez-le en conseillant au visiteur de ne pas le caresser ni l'exciter.

La stérilisation

Si le chien n'est pas destiné à la reproduction et que vous déploriez sa sexualité exubérante, prenez conseil auprès de votre vétérinaire pour une éventuelle castration. Cette intervention ne modifie pas fondamentalement le caractère du chien tout en diminuant les problèmes liés à la sexualité.

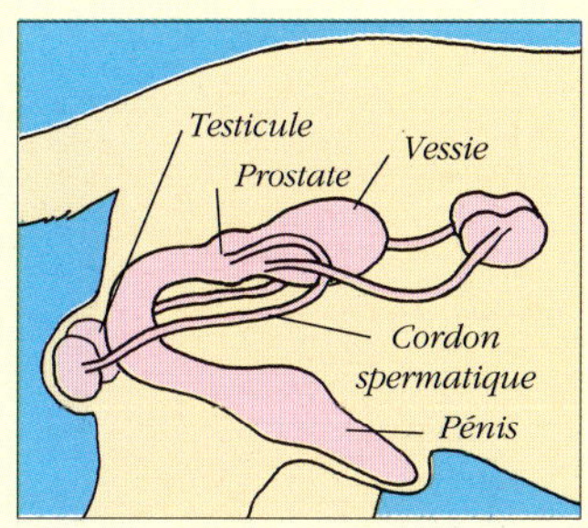

CHIEN ENTIER

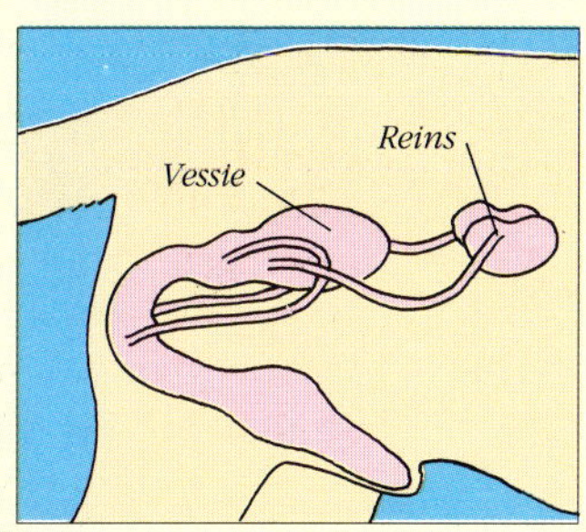

CHIEN CASTRÉ

Le mal des transports

Certains chiens aiment voyager en voiture – soit parce que les voyages sont pour eux divertissants, soit encore parce qu'ils sont généralement les préludes à une promenade et à des rencontres avec d'autres chiens ; quelques-uns, au contraire, ne supportent pas ce mouvement incontrôlé qui provoque chez eux des nausées. Accoutumez votre chien à la voiture par des trajets fréquents et courts. S'il a le mal des transports, ne le nourrissez pas avant le départ, et protégez le véhicule avec du papier journal et des chiffons. Réprimandez le chien qui fait mine de défendre votre voiture comme son territoire.

Les préparatifs
Installez le chien dans la voiture avec de la nourriture (s'il ne souffre pas de nausées) ou un jouet, mais ne le surexcitez pas avant le départ.

Un second chez soi
Le jouet et l'écuelle de nourriture aideront votre chien à associer le voyage en voiture à des activités agréables. Retirez la pâtée avant le départ.

Des aboiements excessifs
Un chien qui s'agite et aboie trop en voiture se calmera si un passager s'installe à ses côtés et lui intime l'ordre de se taire si nécessaire *(voir page 66)*.

A chaque aboiement du chien, la maîtresse ordonne « Sage »

Gare aux sièges
Un chien abandonné dans une voiture se met à gratter et à ronger le capitonnage. Vaporisez donc l'intérieur du véhicule avec une solution amère, et non toxique *(voir page 31)*, et donnez au chien un jouet à ronger.

Les griffes du chien peuvent lacérer le revêtement du siège

Les stores
Un store appliqué sur la vitre d'une voiture protège le chien du soleil. Il calme également les individus très excitables dans la mesure où il obstrue la vue et rend l'aventure moins stimulante.

Le store est fixé à la vitre par des ventouses

Recommandations

On loge plus facilement une cage dans une voiture à cinq portes

Le chien est heureux et détendu

TRANSPORT EN CAGE

On peut transporter en cage les chiens habitués à cet accessoire. Outre qu'elle constitue un élément de sécurité, la cage élimine toute velléité de destruction. Le chien, auquel on aura fourni un jouet, s'y sentira en sécurité et détendu.

SÉCURITÉ COMPLÉMENTAIRE

Muselez le chien afin de l'empêcher d'aboyer et de détruire quoi que ce soit. Attachez sa laisse à la ceinture de sécurité de façon à retenir l'animal et à limiter ses mouvements. Il existe des ceintures spéciales pour animaux.

VOITURE MEURTRIÈRE

N'abandonnez jamais un chien dans une voiture par temps chaud, même à l'ombre et avec une vitre entrouverte. Les chiens contrôlent mal leur température corporelle et risquent un coup de chaleur fatal. Même par temps froid, ne laissez pas le chien dans une voiture dont le chauffage fonctionne.

RAFRAÎCHISSEMENTS

Emportez toujours avec vous un récipient d'eau, surtout si le voyage doit être long. Faites une halte toutes les deux ou trois heures pour laisser le chien boire et se soulager.

La nervosité

L'excès de nervosité se rencontre surtout chez les chiens de petite taille et ceux qui ont été isolés pendant leur jeune âge, mais aussi chez bon nombre d'autres chiens pour des raisons diverses. La peur des bruits de pots d'échappement, de tonnerre ou de feu d'artifice peut se manifester même chez des chiens de chasse comme les retrievers. Certains chiens prennent peur s'ils voient bouger un objet qu'ils ne reconnaissent pas, d'autres sont effrayés par un infirme en chaise roulante, d'autres encore par une main qui s'approche... Dans la plupart des cas, la cause ne réside pas dans de mauvais traitements qu'aurait subis l'animal.

PEUR DES BRUITS

De nombreux chiens cherchent à se cacher quand ils entendent des bruits violents comme celui du tonnerre. La réaction naturelle du propriétaire est de rassurer le chien nerveux et de distraire son attention, mais cela risque d'amplifier le phénomène, car le chien retiendra que ce type de comportement est récompensé par des mots apaisants, des caresses, voire de la nourriture.

LE REMÈDE

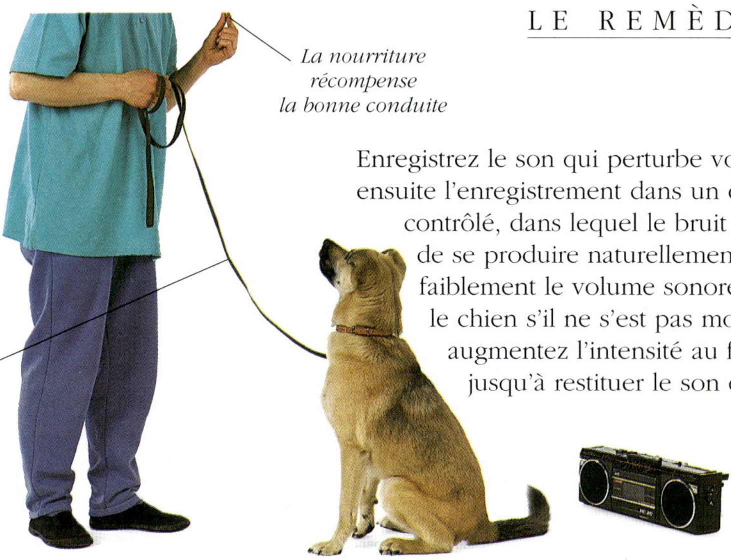

Enregistrez le son qui perturbe votre chien. Diffusez ensuite l'enregistrement dans un environnement contrôlé, dans lequel le bruit ne risque pas de se produire naturellement. Réglez d'abord faiblement le volume sonore et récompensez le chien s'il ne s'est pas montré nerveux ; augmentez l'intensité au fil des semaines, jusqu'à restituer le son originel.

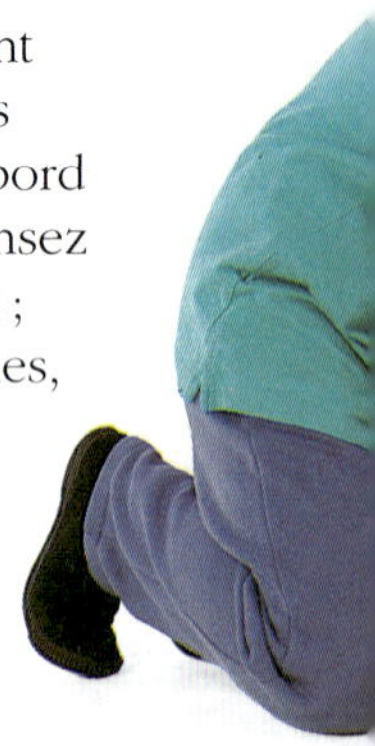

PEUR DES OBJETS

Les objets inconnus, surtout s'ils sont mobiles, effraient parfois les chiens. C'est le cas des poussettes pour les chiens qui vivent dans des familles sans enfants : l'animal peut s'enfuir lorsqu'il en voit une.

Une croquette est placée sous la poussette

LE REMÈDE

1 Disposez une savoureuse pâtée juste à côté de la poussette. Ne nourrissez pas le chien avant la leçon. Disposez les friandises de plus en plus près du véhicule ; après plusieurs séances, le chien ira jusqu'à glisser sa tête sous la poussette pour les manger.

Le chien mange dans son écuelle

2 Une fois que le chien accepte de ramasser les friandises sous la poussette, glissez-y son écuelle. Durant cette rééducation, déplacez de temps à autre la poussette et récompensez le chien s'il ne manifeste aucune crainte.

Une attitude trop soumise

MICTION DE SOUMISSION

Face à une situation trop perturbante, les chiens nerveux roulent sur le dos, voire urinent en signe de soumission. Si cela se produit durant le dressage, concluez-en que vous êtes trop exigeant. Ne touchez pas le chien, car cela ne ferait que l'intimider

La miction est la simple manifestation d'une soumission exagérée

LE REMÈDE

Mettez-vous au niveau du chien afin de lui redonner confiance. Utilisez son jouet favori pour l'inciter à se relever : lancez-le et demandez-lui de le rapporter ; l'animal abandonnera ainsi sa posture sans que vous ayez besoin d'intervenir physiquement, ce qui renforcerait la tendance à la soumission. Si cela se produit quand le chien vous salue, ignorez-le jusqu'à ce qu'il se calme.

Rouler sur le dos est une activité de soumission

PEUR DES MAINS

Les chiens nerveux vivent des expériences conflictuelles : ils veulent accueillir les gens, mais ont peur des mains.

La peur se lit dans les yeux du chien

Contact visuel évité

LE REMÈDE

1 Devant le chien, posez à plat sur le sol votre main tenant une friandise. Si vous craignez d'être mordu, reportez-vous au remède contre les morsures par peur *(voir page 100)*.

2 Quand le chien prend sans se faire prier la friandise dans votre main, réduisez la distance qui vous sépare de lui, jusqu'à vous agenouiller à son côté.

L'ennui

Les chiens sont des animaux grégaires, dont l'esprit et le corps ont besoin d'être stimulés. Si votre maison a été mise à mal en votre absence, n'en déduisez pas que votre chien s'est vengé d'avoir été laissé seul. Les chiens sont incapables de crimes prémédités contre la propriété. Hurler, gratter, lacérer, sauter ou aller et venir sont autant de manifestations d'angoisse. Vous pouvez parer aux divers problèmes liés à l'ennui en fournissant des exutoires à l'anxiété de votre compagnon.

ANGOISSE DE LA SÉPARATION

La gueule est levée pour lancer un hurlement

Les hurlements d'appel

Les louveteaux hurlent pour attirer l'attention de leur mère. De la même manière, les chiens frustrés, délaissés ou qui s'ennuient aboient ou hurlent lorsqu'ils sont seuls, pour attirer l'attention de leur maître.

Creuser exige concentration et dextérité

Les trous

Les chiens creusent des trous, certains pour enterrer leurs os, d'autres pour s'y coucher, d'autres encore par simple frustration.

En secouant vigoureusement le tapis, le chien se réconforte

Les sauts

Dans un jardin, un chien qui s'ennuie peut s'amuser à bondir pour regarder par-dessus une barrière. Certains chiens anxieux du fait d'une séparation vont et viennent, déposent des repères d'urine, hurlent et creusent le sol.

Les oreilles sont inclinées vers l'avant

Les dommages

Un chien peut lacérer le papier peint, endommager les sièges d'une voiture, déchirer les tapis, les vêtements et le linge. Ce comportement se manifeste surtout chez les chiens souffrant d'insécurité ou bien manquant d'exercice, et en particulier chez les individus recueillis, qui restent émotionnellement dépendants de leur maître.

PRÉVENTION

Le chien est à la recherche d'odeurs nouvelles

La dépense d'énergie

Avant de quitter votre chien, donnez-lui l'occasion de se dépenser physiquement et mentalement. Un chien épuisé risque moins de passer son temps à aboyer et à mettre à mal son environnement.

Les autres chiens

Vous ne devez pas isoler votre chien des autres. Les rencontres avec des congénères renforceront sa sociabilité

Au début, le chien est craintif

Le jeu

Avant de laisser votre chien seul, donnez-lui un jouet dont il raffole, après l'avoir frotté dans vos mains pour y déposer votre odeur et sécuriser ainsi l'animal.

Ronger un jouet est une activité gratifiante

Au travail

Un chien a besoin d'un minimum d'activité et ne doit pas être livré à lui-même durant toute une journée. Si c'est possible, emmenez le vôtre sur votre lieu de travail.

Le chien dispose d'un espace personnel

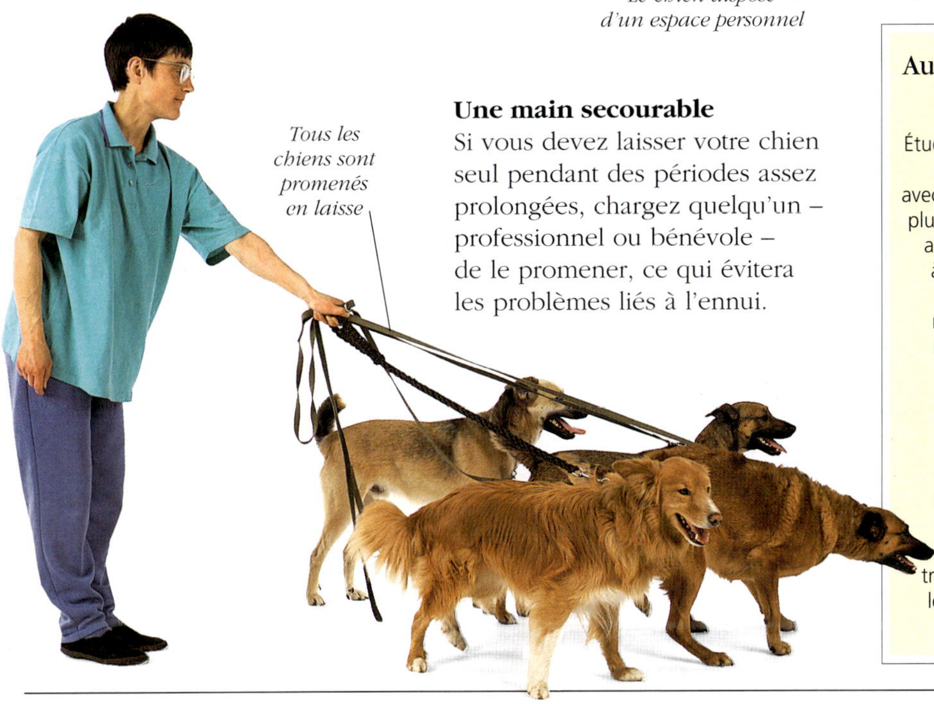

Tous les chiens sont promenés en laisse

Une main secourable

Si vous devez laisser votre chien seul pendant des périodes assez prolongées, chargez quelqu'un – professionnel ou bénévole – de le promener, ce qui évitera les problèmes liés à l'ennui.

Autres moyens de prévention

PRÉPARATION

Étudiez le comportement de votre chien en le laissant seul dans une pièce avec un jouet. Rentrez quelques minutes plus tard et félicitez l'animal s'il n'a pas aboyé, ni arpenté la pièce, ni gratté à la porte. Répétez l'exercice dans des pièces différentes, à divers moments, jusqu'à ce que l'animal ne manifeste plus aucune anxiété en votre absence.

DÉPART DANS LE CALME

Partez toujours dans le calme. Des rideaux tirés, un téléviseur ou un récepteur de radio allumés masqueront les bruits extérieurs. Il est important de savoir que, transféré dans une nouvelle maison, le chien le mieux éduqué peut être perturbé par la séparation.

La mélancolie

Les problèmes exclusivement liés à l'ennui sont extrêmement difficiles à résoudre, à moins de s'attaquer à leur cause. Multipliez les occasions pour votre chien de prendre de l'exercice, d'explorer, de flairer et de marquer son territoire. Sécurisez-le s'il redoute la solitude. Si les aboiements, grattements, fugues, déprédations de votre compagnon sont liés à sa sexualité, envisagez la castration. Ce n'est qu'après avoir éliminé la cause que vous pourrez aider l'animal à remédier à son comportement asocial. N'oubliez pas qu'un chien ne détruit pas par vengeance ; il ne fait qu'exprimer sa frustration et son anxiété.

HURLEMENTS

Le commandement « Sage »

Face à un chien qui s'obstine à aboyer et à hurler lorsqu'il se trouve seul, reprenez l'enseignement du commandement « Sage » *(voir page 66)*, puis organisez des faux départs. Attirez l'attention du chien, demandez-lui d'être sage, puis sortez et postez-vous derrière la porte. Si le chien aboie, produisez un bruit qui le saisisse. Sinon, rentrez, félicitez-le et ressortez. Cet apprentissage exige du temps et de la patience.

« SAGE »

L'ordre du maître passe par le regard

Le contact visuel est maintenu

Le chien a reçu l'ordre de s'asseoir

FOUISSAGE

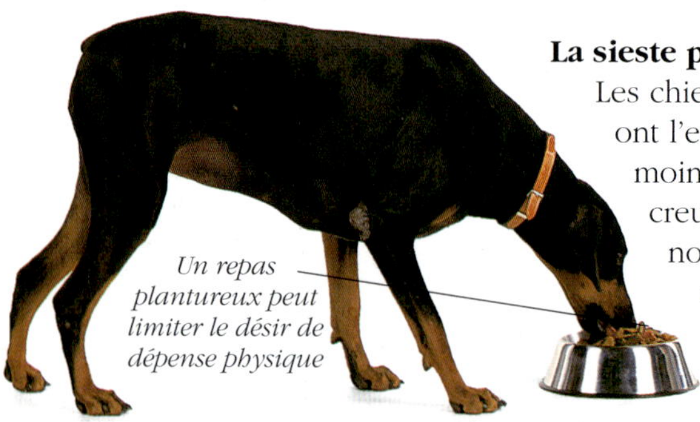

Un repas plantureux peut limiter le désir de dépense physique

La sieste postprandiale

Les chiens sont moins actifs lorsqu'ils ont l'estomac plein ; ils sont donc moins susceptibles de se mettre à creuser le sol s'ils viennent d'être nourris. Si le chien doit rester seul pendant la journée, nourrissez-le le matin plutôt que le soir.

Le fouissage est un comportement naturel

L'activité créatrice

En offrant au chien un bac à sable pour satisfaire sa tendance naturelle au fouissage, vous préserverez vos pelouses et plates-bandes.

SAUTS

Mieux qu'une barrière

Vous empêcherez votre chien de sauter par-dessus la barrière du jardin en disposant devant une bande de grillage posée sur des briques ; elle rendra les sauts et le creusement difficiles. Choisissez un maillage assez serré qui ne laisse pas passer les pattes du chien.

Le grillage forme une surface instable

Enfilez des boîtes de conserve vides sur une corde

Le chien voit l'obstacle et répugne à sauter

L'anxiété liée à la séparation

Les chiens qui manquent d'assurance – en particulier ceux qui ont connu l'expérience de l'abandon – sont plus enclins que d'autres à aboyer ou à creuser le sol quand ils sont seuls. Il vous faudra de la douceur et du temps pour guérir le vôtre de ses mauvaises habitudes. Augmentez chaque semaine la durée des séparations, en laissant toujours au chien un jouet que vous avez frotté entre vos mains. Les punitions ne doivent intervenir qu'au moment même de la faute, jamais après, sous peine de perturber encore davantage l'animal.

Laissé seul, le chien recueilli se recroqueville

Une intervention bruyante

Attachez plusieurs boîtes de conserve à une corde tendue à 1 mètre environ au-dessus du sol, et à 30 centimètres de la barrière. En sautant, le chien déclenchera un tintamarre qui le ramènera instantanément à de meilleurs sentiments.

DÉPRÉDATIONS

Le chien enfermé dans sa cage ronge paisiblement ses jouets

Un environnement contrôlé

Quand vous vous absentez, installez votre chien dans sa cage avec son jouet favori *(voir page 34)*. Vous pouvez aussi vaporiser un produit dissuasif *(voir page 31)* sur les endroits ou objets que l'animal a l'habitude de ronger.

L'activité physique

Les chiens ont besoin de se dépenser physiquement. L'exercice quotidien constitue donc le meilleur remède aux problèmes liés à l'ennui.

Les sauts intempestifs

Le chiot salue sa mère en sautant sur elle pour lui lécher la face. Il arrive que les jeunes chiens soumettent les humains au même traitement, surtout entre 6 et 8 mois. Les Labradors et les Caniches le font par affection, tandis que chez les Rottweiler, par exemple, il s'agit de dominance. N'encouragez surtout pas cette inclination naturelle en vous frappant sur les cuisses et en haussant la voix lorsque vous rentrez chez vous. Apprenez aux enfants à garder les bras le long du corps. Si vous vous montrez calme, votre chien fera de même.

SAUTS DE SUREXCITATION

Un chien bondit plus volontiers sur les gens lorsqu'il est surexcité – par votre retour, le fait de vous voir prendre sa laisse ou l'arrivée d'un visiteur. Les jeunes chiens sont enclins à ce type de comportement, ainsi que les animaux manquant d'exercice. Veillez donc à donner à votre chien suffisamment d'occasions de se dépenser.

LE REMÈDE

1 Commencez par renforcer chez le chien l'obéissance aux commandements « Assis » et « Reste » *(voir page 56)*. Entrez dans la pièce et commandez alors au chien de s'asseoir. Surtout, ne stimulez pas l'animal en haussant le ton ou en agitant les bras.

2 Complimentez le chien qui s'est assis, mais ne lui caressez pas le dessus du crâne, sous peine de l'inciter à vous lécher le visage. Accroupi à côté du chien, caressez-le sur les flancs ou sous le menton. Félicitez sa sagesse. Pratiquez cet exercice jusqu'à ce qu'il ait perdu l'habitude de sauter sur les gens.

CHIEN-BOLIDE

Certains chiens se contentent de lécher le visage de leur propriétaire, d'autres se jettent carrément sur les gens. Cette activité ludique, normale entre chiens, peut être dangereuse pour les humains.

LE REMÈDE

Ignorez les accueils débordants et dépassez le chien sans le regarder. Quand le chien a repris contact avec le sol de ses quatre pattes, ordonnez-lui de s'asseoir, puis accroupissez-vous à côté de lui et félicitez-le pour sa docilité.

ARRIVÉE DE VISITEURS

1 Si votre chien saute systématiquement sur les visiteurs, attachez-le avant d'ouvrir la porte. Ordonnez-lui de s'asseoir.

2 Demandez au visiteur d'apporter une friandise au chien lors de son prochain passage. L'animal n'aura droit à la récompense que lorsqu'il se sera docilement assis.

Recommandations

RENCONTRE AVEC UN ENFANT

Certains chiens sautent plus volontiers sur les enfants, dont le visage est à leur portée, et dont le comportement est turbulent. Les présentations doivent se faire en votre présence, le chien étant tenu en laisse. L'enfant devra conserver les bras le long du corps et ne pas les porter à son visage. Récompensez le chien qui n'a pas sauté.

MENDIANT

Certains chiens – surtout parmi les petites races – mendient attention ou nourriture par des sauts, aboiements, coups de langue et autres gémissements. C'est une mauvaise habitude que vous ne devez pas tolérer. Ne donnez jamais rien à un chien durant vos repas : si vous accédez à ses demandes, le chien retiendra que son comportement est payant. Rendez le chien moins dépendant de vous en faisant en sorte que d'autres personnes jouent avec lui et le nourrissent.

CONTRÔLE ÉNERGIQUE

Utilisez, avec votre chien, des méthodes de contrôle positives. N'usez pas de brimades, comme comprimer les pattes du chien parce qu'il a sauté sur vous. Vous pouvez maîtriser le comportement de l'animal en vous fondant sur le bon sens. Montrez-vous ferme, mais calme.

La surexcitation

La surexcitation peut induire, chez les chiens, des comportements frénétiques : ils aboient à tout va, poursuivent leur queue, croquent des cailloux, se toilettent furieusement ou encore réclament d'être pris dans les bras. Après avoir fait vérifier par votre vétérinaire que cette hystérie n'est pas d'origine pathologique, procédez à la rééducation de l'animal.

EXCÈS D'ABOIEMENTS

De nombreux chiens réagissent aux bruits intempestifs par des aboiements et jouent ainsi le rôle de signal d'alarme. Certaines races, cependant, tels les Terriers, le Caniche et le Lhassa-Apso, sont des aboyeurs chroniques qu'il convient de corriger. L'aboiement peut ainsi devenir continu, ne s'interrompant que momentanément sur l'injonction du maître. Pour le chien hystérique, vos ordres hurlés semblent vouloir se joindre à sa voix.

LE REMÈDE

Le contrôle par la voix
Reprenez l'apprentissage des ordres « Parle » et « Sage » *(voir page 66)* dans des situations contrôlées. Demandez le concours d'un ami, qui sonnera à votre porte pendant la leçon.

La maîtresse donne une friandise au chien qui est resté calme

Une punition légère
Au moment où le chien aboie, vaporisez dans sa gueule une solution non toxique et non irritante, mais à l'odeur nauséabonde.

POURSUITE DE LA QUEUE

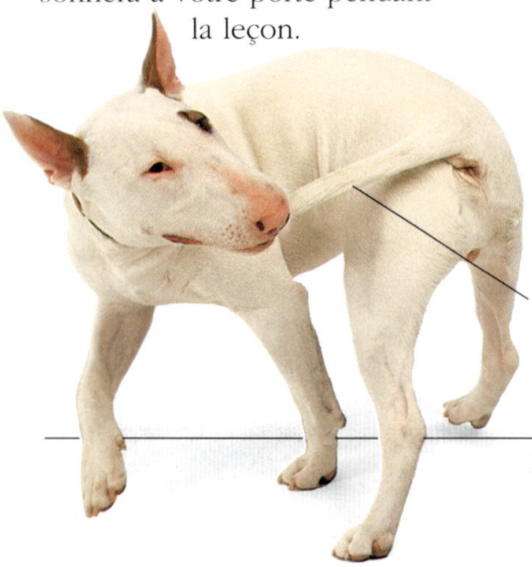

Le chien tourne en rond en essayant d'attraper sa queue

Certains chiens, et en particulier les Bull-Terriers, courent après leur queue lorsqu'ils sont surexcités. Outre qu'il est dû à une composante génétique, ce comportement est gratifiant et ne peut que s'installer s'il n'est pas réprimé.

LE REMÈDE

Détournez le chien de son activité en lui offrant un tout autre type de récompense. Commandez-lui de s'asseoir, et, s'il obéit, donnez-lui une friandise ou un jouet à ronger. Si le problème persiste, prenez l'avis de votre vétérinaire.

L'attention du chien se reporte sur la récompense offerte par sa maîtresse

ATTITUDE QUÉMANDEUSE

Prends-moi sur tes genoux
Il arrive que des chiens manquant d'assurance deviennent hystériques s'ils ne sont pas pris sur les genoux. Cela se manifeste surtout chez les chiens dépendants, en particulier lorsqu'ils se trouvent placés dans un environnement tout nouveau. Si elle n'est pas satisfaite, la demande du chien devient obsessionnelle et chronique, trouvant sa gratification dans la décharge d'adrénaline qu'elle provoque.

Le chien s'obstine à gratter de la patte pour attirer l'attention de son maître

Le chien saute à une hauteur surprenante

Les chiens à ressort
Certains chiens ne peuvent s'empêcher de bondir pour lécher un visage humain. Il s'agit d'animaux qui ont besoin de retrouver leur assurance et qu'il ne faut pas brusquer.

LE REMÈDE

1 Si le chien s'obstine à vous sauter dessus ou à vous gratter avec ses pattes, quittez calmement la pièce : l'animal en sera surpris.

Surpris, le chien se calme

Le chien écoute et obéit à son maître

2 Revenez une minute plus tard, alors que le chien est calme, et reprenez le contrôle de l'animal en lui donnant l'ordre de s'asseoir. Récompensez toujours sa bonne volonté.

Comportement irrépressible

ABOIEMENTS
Dans la plupart des cas, les aboiements sont normaux et naturels ; le chien salue à sa manière humains ou congénères. Il existe également des aboiements d'alerte, de menace, des aboiements collectifs. Seul l'aboiement irrépressible et incontrôlé est inadmissible. Si votre chien ne cesse d'aboyer, saisissez-le par la peau du cou, fixez-le droit dans les yeux et donnez-lui une secousse ferme en disant « Sage ».

LÉCHAGE
Un chien qui se lèche sans arrêt les pattes de devant manifeste un comportement obsessionnel semblable à celui de la personne qui se lave les mains à répétition. Consultez votre vétérinaire, qui ordonnera peut-être un traitement médical. Le phénomène est particulièrement fréquent chez les Labradors et les Dobermans.

Le chien ne peut s'empêcher de se lécher les pattes

Les problèmes alimentaires

Dès l'arrivée du chien dans votre foyer, habituez-le à ne manger que dans son écuelle. S'il ne reçoit son repas que lorsque vous avez fini le vôtre, l'animal apprendra qu'il est soumis à l'homme. Ne laissez pas de nourriture dans des endroits accessibles, ne donnez rien au chien pendant que vous êtes à table et veillez à ce que la poubelle ferme hermétiquement. Les problèmes liés à la nourriture ne sont généralement pas très difficiles à résoudre.

VOL DE NOURRITURE

Voler de la nourriture est pour le chien une activité instinctive et gratifiante, et ce que l'homme considère comme des déchets fait souvent les délices des chiens.

LE REMÈDE

Le chien obéissant exécute docilement l'ordre

1 Si votre chien fouille les poubelles, laissez-le approcher de l'objet de sa convoitise, mais, au moment critique, commandez fermement « Laisse », de façon à indiquer qu'il s'agit d'une activité interdite.

2 Refermez soigneusement la poubelle et pulvérisez dessus une substance amère non toxique *(voir page 31)*, afin qu'elle devienne moins attirante. Pour que la méthode soit très efficace, l'amertume doit être suffisamment prononcée pour contrebalancer le plaisir de fouiller la poubelle.

Le produit est inoffensif mais a un goût amer

Aucun déchet tentant n'est visible

MENDICITÉ

Le chien se sert de sa patte pour attirer l'attention de son maître

Les chiens qui viennent quémander auprès des convives sont une véritable calamité. Céder de temps à autre à la mendicité est pire que d'accéder à la demande du chien chaque fois que vous vous mettez à table. L'habitude est plus facile à éradiquer que la satisfaction occasionnelle.

LE REMÈDE

1 Dressez votre compagnon à n'accepter la nourriture qu'avec votre permission. Faites-le asseoir, loin de la table, pendant que vous préparez sa pâtée.

Le chien attend jusqu'à ce qu'on l'autorise à manger

2 Posez l'écuelle à terre, mais maintenez le chien en position assise jusqu'à ce que vous lui ayez donné votre autorisation : « Prends ! »

Habitudes répugnantes

INGESTION DE DÉJECTIONS D'ANIMAUX

Les déjections d'animaux peuvent être nourrissantes pour un chien. Certaines races mangent naturellement les déjections d'herbivores – chevaux, lapins ou cervidés –, en particulier le Labrador et le Golden-Retriever. Pour éradiquer cette habitude, jugée écœurante par l'homme, approfondissez le dressage du chien à l'obéissance. S'il s'intéresse à des déjections animales, dites « Non ». S'il s'en empare, ordonnez « Laisse ».

INGESTION DE DÉJECTIONS DE CHIENS

Il est plus dangereux pour le chien de manger ses propres déjections ou celles de ses congénères : il risque en effet d'être infesté par des parasites intestinaux ou d'être sujet à des diarrhées dues à un excès de bactéries dans l'intestin. Éliminez systématiquement les déjections de votre chien. Gardez-en une cependant, aspergez-la de Tabasco (concentré de piment liquide).

Le goût de la sauce au piment déplaira au chien

REFUS DE LA NOURRITURE

Le chien refuse de manger une nouvelle variété de nourriture

Certains chiens refusent la nourriture qu'on leur offre. C'est souvent le cas des Toys, mais aussi de certains grands chiens élancés, comme le Saluki. Les chiens peuvent survivre très longtemps sans manger.

LE REMÈDE

ÉCUELLE PLEINE — PORTION RÉDUITE — PORTION ENCORE RÉDUITE — PORTION CONGRUE — EAU CLAIRE

Laissez la nourriture sur place pendant dix minutes, puis retirez tout ce qui n'a pas été mangé. Répétez l'exercice les jours suivants en diminuant les proportions, jusqu'à ce que le chien vide son écuelle.

Un dressage efficace

Pour être un dresseur efficace, vous devez être considéré par votre chien comme un chef de meute. Si c'est l'animal qui décide quand et où il mange, dort ou reçoit des marques d'affection, il ne tardera pas à se considérer comme l'individu dominant de la maisonnée. Votre chien ne prêtera attention à vous que s'il vous respecte. Prenez des notes pendant l'apprentissage ; cela vous aidera à déterminer si vous avez ou non posé les bases d'un dressage efficace de l'animal. Il n'est jamais inutile de demander de l'aide. Vous vous procurerez les adresses nécessaires auprès des services vétérinaires de votre lieu de résidence.

ASSISTANCE PROFESSIONNELLE

Cours pour chiots
Ces cours réguliers, qui s'adressent aux chiots de moins de 16 semaines, constituent le moyen idéal d'habituer les jeunes chiens à la présence de leurs congénères et des êtres humains. Ils sont un excellent prélude à un dressage plus poussé.

Apprentissage de l'obéissance
Il s'agit de cours destinés aux chiens plus âgés mais également aux chiots qui n'ont pas encore été sociabilisés. Ils sont généralement dispensés par des dresseurs expérimentés, qui enseigneront au maître et au chien les rudiments de l'obéissance canine.

Dressage poussé
Il complète le dressage de base, généralement suffisant pour la plupart des chiens. Ce sera pour vous l'occasion de voir votre compagnon exercer son agilité, améliorer sa vitesse, pratiquer des jeux conçus pour lui. Vous mettrez pleinement à profit la complicité qui existe entre vous et votre compagnon.

Dressage en chenil
Certains chenils proposent des cours de dressage destinés au seul chien. Si ce dressage en chenil trouve sa justification dans des activités spécialisées, il ne remplace pas l'éducation faite avec votre collaboration.

Dressage individuel
Certains troubles graves du comportement, comme une agressivité anormale, réclament l'intervention d'un professionnel lors de séances individuelles. Votre vétérinaire vous fournira les adresses nécessaires.

Aide du vétérinaire
Si vous ne destinez pas votre animal à la reproduction, envisagez la stérilisation. Pratiquée très tôt, cette intervention réduit, voire supprime les risques de tumeurs mammaires et d'infections de la matrice chez les femelles, les dysfonctionnements de la prostate et les tumeurs périanales chez les mâles. Par ailleurs, les chiens castrés sont généralement plus faciles à dresser. Si vous voyez apparaître chez votre chien des troubles du comportement, consultez votre vétérinaire. Une modification du caractère peut être due à une maladie, et dans certains cas, votre vétérinaire vous prescrira un traitement curatif de courte durée.

FICHE DE DRESSAGE

Où avez-vous acquis votre chien ?	X	Éleveur/ami		Publicité/Refuge/Animalerie
Quel âge avait votre chien au moment de son acquisition ?	X	Moins de 26 semaines		Plus de 26 semaines
Votre chienne a-t-elle été stérilisée ?	X	Non		Oui
Votre chien est-il castré ?		Oui	X	Non
Aviez-vous déjà eu un chien auparavant ?	X	Oui		Non
Quand nourrissez-vous votre chien ?	X	A heures fixes		A la demande
Votre chien mange-t-il après vous ?	X	Oui		Non
Quand votre chien se soulage-t-il ?		A heures fixes	X	A la demande
Où votre chien dort-il ?	X	Dans la cuisine/Dehors		Dans la chambre/Sur le lit
Quand votre chien est-il toiletté ?	X	Fréquemment		Rarement
Comment votre chien réagit-il au toilettage ?	X	Il l'accepte volontiers		Il y répugne
Quand votre chien prend-il de l'exercice ?	X	A heures fixes partout	X	A la demande
Combien dure une promenade ?	X	Plus d'une heure par jour		Moins d'une heure par jour
Contrôlez-vous votre chien en l'absence de laisse ?		Oui	X	Non
Où se trouvent les jouets de votre chien ?	X	Dans un coffre		Sur le sol
Votre chien joue-t-il souvent avec d'autres chiens ?	X	Fréquemment si j'en peux		Rarement
Votre chien joue-t-il souvent avec d'autres personnes que vous ?	X	Fréquemment		Rarement
Votre chien se trouve-t-il souvent seul chez vous ?	X	Rarement non		Fréquemment
Jouez-vous avec votre chien ?	X	Fréquemment tous les jours		Rarement

Si vos réponses se situent en majorité dans la première colonne, considérez-vous comme un bon dresseur. Dans le cas contraire, les services d'un professionnel vous seront utiles.

Index

S

T

V

W

Y

Les chiens
aux Éditions Solar

Les Chiens en 1 000 photos
Françoise Huart

Les Chiens
David Taylor

J'aime et je soigne mon chien
Dr Bruce Fogle

Votre chien, mieux le connaître
pour mieux l'aimer
Dr Bruce Fogle

Le Chien : réponse à tout
Joan Palmer

Le Livre des chiens
Alain Dupont

Guide vert des chiens du monde

Le Chien de défense
André Mautrot

Le Boxer
Christel Rollinat / Philippe de Wailly

Le Berger belge
André Varlet / Philippe de Wailly

h = *haut*, b = *bas*, c = *centre*,
g = *gauche*, d = *droite*, e = *encadré*

Crédits illustrations
Toutes les photographies sont de Tim Ridley, à l'exception des suivantes :
Bruce Coleman Limited 12 hg
Nicholas Goodall 23 bd, 83, 92, 93 (sauf e), 99c, 118bg, 118bd
Dave King 13eb, 14hd, 14bg, 14-15c, 15cd, 15bg, 93eh, 93eb
Tracy Morgan 14hg, 15h, 15bd
David Ward 7bd, 9hd, 12c, 13bg, 17c, 17b, 22bd, 27bd, 82, 84, 85, 90hd, 90hg, 90bd, 91e, 93ec, 94hg, 95bg, 102, 108, 109, 112hd, 114bd, 116, 117, 125bg, 128h

Illustrations
Rowan Clifford 107

Composition PFC - Dole

Achevé d'imprimer en mars 1995
par Mondadori, Italie